DA
SOCIEDADE
LIMITADA

Dados Internacionais de Catalogação na Publicação (CIP)
(Câmara Brasileira do Livro, SP, Brasil)

Roque, Sebastião José
  Da sociedade limitada / Sebastião José Roque. --
São Paulo : Ícone, 2011. -- (Coleção elementos de
direito)

  ISBN 978-85-274-1171-4

  1. Direito civil - Legislação - Brasil
2. Sociedades de responsabilidade limitada - Brasil
I. Título. II. Série.

11-01045   CDU-347.724(81)(094)

Índices para catálogo sistemático:

1. Brasil : Sociedades limitadas : Leis :
     Direito civil   347.724(81)(094)
2. Leis : Sociedades limitadas : Brasil :
     Direito civil   347.724(81)(094)

Sebastião José Roque

Bacharel, mestre e doutor em Direito pela Universidade de São Paulo;
Advogado e assessor jurídico empresarial;
Árbitro e mediador;
Professor de Direito;
Presidente do Instituto Brasileiro de Direito Comercial "Visconde de Cairu";
Presidente da Associação Brasileira de Arbitragem – ABAR;
Especialização nas Universidades de Bolonha, Roma e Milão e na de Panthéon-Sorbonne de Paris;
Professor da Universidade de Cosenza (Itália);
Autor de várias obras jurídicas.

DA SOCIEDADE LIMITADA

1ª edição
Brasil – 2011

© Copyright 2011
Ícone Editora Ltda.

Coleção Elementos de Direito

Capa e diagramação
Richard Veiga

Revisão
Marsely De Marco Dantas
Juliana Biggi
Saulo C. Rêgo Barros

Proibida a reprodução total ou parcial desta obra, de qualquer forma ou meio eletrônico, mecânico, inclusive através de processos xerográficos, sem permissão expressa do editor (Lei nº 9.610/98).

Todos os direitos reservados para:
ÍCONE EDITORA LTDA.
Rua Anhanguera, 56 – Barra Funda
CEP: 01135-000 – São Paulo/SP
Fone/Fax.: (11) 3392-7771
www.iconeeditora.com.br
iconevendas@iconeeditora.com.br

ODE AO ACADÊMICO

O PODER DA MENTE

Pobre de ti se pensas ser vencido;
Tua derrota é um caso decidido.
Queres vencer, mas como em ti não crês
Tua descrença esmaga-te de vez.
Se imaginas perder, perdido estás;
Quem não confia em si marcha para trás;
A força que te impele para frente
É a decisão firmada em tua mente.

Muita empresa esboroa-se em fracasso
Inda antes de dar o primeiro passo;
Muito covarde tem capitulado
Antes de haver a luta começado.
Pensa grande e teus feitos crescerão,
Pensa pequeno e irás depressa ao chão.
O querer é poder arquipotente,
É a decisão firmada em tua mente.

Fraco é quem fraco se imagina;
Olha ao alto quem ao alto se destina;
A confiança em si mesmo é a trajetória
Que leva aos altos cimos da vitória.
Nem sempre quem mais corre a meta alcança,
Nem mais longe o mais forte o disco lança,
Mas se és certo em ti, vai firme, vai em frente
Com a decisão firmada em tua mente.

S. J. ROQUE

ÍNDICE

1. DA SOCIEDADE LIMITADA, 13

1.1. Conceito de sociedade limitada, **15**

1.2. Características, **17**

    1.2.1. Divisão do capital em quotas, **17**

    1.2.2. Responsabilidade limitada dos sócios, **17**

    1.2.3. Sociedade contratual, **18**

    1.2.4. Sociedade de pessoas, **18**

    1.2.5. Opção por firma, **19**

    1.2.6. Mercantilidade, **20**

1.3. Origem e evolução histórica, **20**

1.4. Regulamentação legal, **24**

2. CONSTITUIÇÃO E REGISTRO DA SOCIEDADE LIMITADA, 27

2.1. Constituição da sociedade limitada, **29**

2.2. Atos constitutivos, **31**

2.3. Conceito de contrato social, **34**

2.4. Elementos essenciais, **34**
    2.4.1. Acordo de vontades, **35**
    2.4.2. Formação do capital, **35**
    2.4.3. *Affectio societatis*, 36
    2.4.4. A obtenção de lucros, **36**
2.5. O registro dos atos constitutivos, **37**
2.6. O *status* de sócio, **39**
2.7. Capacidade para ser sócio, **40**
2.8. Situação do sócio estrangeiro, **42**

3. DO CAPITAL DA SOCIEDADE LIMITADA, 45

3.1. Necessidade de capital, **47**
3.2. Divisão do capital em quotas, **51**
3.3. Das quotas sociais, **52**
3.4. Efeitos da quota, **53**
3.5. Da penhora das quotas, **54**
3.6. Indivisibilidade das quotas, **57**

4. DA CESSÃO DAS QUOTAS, 59

5. CONTRATO SOCIAL, 67

5.1. Um modelo de contrato, **69**
5.2. Contrato-padrão, **70**
5.3. Análise das cláusulas contratuais, **73**

6. DAS OBRIGAÇÕES E DIREITOS DOS SÓCIOS, 77

6.1. A criação dos direitos e obrigações, **79**
6.2. Obrigações do sócio, **80**
    6.2.1. Contribuição social, **80**
    6.2.2. Transferência de quota, **81**
6.3. Direitos do sócio, **82**
    6.3.1. Participação nos lucros, **82**
    6.3.2. Direito de recesso, **83**

6.3.3. Participação na administração da sociedade, **84**
6.3.4. Participação nas deliberações, **84**
6.3.5. Fiscalização da administração, **84**
6.3.6. Exigências aos demais sócios, **85**

7. DA ADMINISTRAÇÃO DA SOCIEDADE LIMITADA, 87

7.1. O administrador da sociedade limitada, **89**
7.2. Administração colegiada ou individualizada, **90**
7.3. Exigências para a investidura, **91**
7.4. Administração sob mandato, **92**
7.5. Os poderes do administrador, **94**
7.6. Responsabilidade dos administradores, **95**
7.7. Função intransferível e indelegável, **100**
7.8. Do administrador não sócio, **101**
7.9. A destituição do administrador, **103**
7.10. A elaboração das demonstrações contábeis, **104**

8. DAS RELAÇÕES COM TERCEIROS, 105

8.1. A sociedade no seu ambiente, **107**
8.2. Responsabilidade pessoal dos sócios, **109**
8.3. Direitos dos credores dos sócios, **112**
8.4. Situação do novo sócio, **115**
8.5. Partilha da quota do sócio, **116**

9. DA RESOLUÇÃO DA SOCIEDADE EM RELAÇÃO A UM SÓCIO, 119

9.1. Consequências da morte de sócio, **121**
9.2. A retirada de sócio, **123**
9.3. A exclusão de sócio, **126**
9.4. Avaliação do valor econômico da quota, **133**
9.5. Responsabilidade dos ex-sócios, **134**

10. EXTINÇÃO DA SOCIEDADE: DISSOLUÇÃO E LIQUIDAÇÃO, 139

10.1. Causas e fases da dissolução, **141**
10.2. Expiração de prazo, **144**
10.3. Consenso dos sócios, **144**
10.4. Deliberação dos sócios, por maioria absoluta, na sociedade por tempo indeterminado, **145**
10.5. Falta de pluralidade de sócios, não reconstituída no prazo de seis meses, **146**
10.6. Ausência de autorização oficial, **146**
10.7. Dissolução judicial, **148**
10.8. Previsão contratual, **149**
10.9. Nomeação do liquidante, **149**
10.10. A liquidação da sociedade limitada, **153**
10.11. A partilha, **154**

11. DO CONSELHO FISCAL, 157

11.1. A constituição e posse do conselho fiscal, **159**
11.2. Impedimentos para a função, **160**
11.3. As funções do conselho fiscal, **161**
11.4. Responsabilidade dos conselheiros, **163**

12. DAS DELIBERAÇÕES DOS SÓCIOS, 165

12.1. Os poderes decisórios dos sócios, **167**
12.2. Competência das assembleias e das reuniões, **168**
12.3. Convocação da assembleia, **169**
12.4. Funcionamento das assembleias, **170**
12.5. Posição do sócio dissidente, **173**

13. DO AUMENTO E DA REDUÇÃO DO CAPITAL, 175

13.1. Mobilidade do capital, **177**
13.2. Aumento do capital, **178**
13.3. Redução do capital, **179**
13.4. Oposição dos credores, **180**

14. DESCONSIDERAÇÃO DA PERSONALIDADE JURÍDICA DA SOCIEDADE, 183

14.1. A personalidade jurídica da sociedade, **185**
14.2. O mau uso da personalidade, **186**
14.3. A *Disregard Theory*, *187*
14.4. A reação à fraude e ao abuso, **188**
14.5. A posição do Judiciário, **191**
14.6. A previsão legal brasileira, **193**

15. SOLUÇÃO SENSATA DE CONTROVÉRSIAS SOCIETÁRIAS, 199

15.1. O surgimento de litígios, **201**
15.2. Necessidade de fórmulas alternativas de solução de problemas, **202**
15.3. Características e vantagens da arbitragem, **205**
15.4. Tipos de arbitragem, **209**
15.5. Como se institui o juízo arbitral, **211**
15.6. O passivo judicial das empresas, **214**
15.7. A remuneração da arbitragem, **215**
15.8. As raízes brasileiras da arbitragem, **216**
15.9. As lições do passado, **218**

16. NOME EMPRESARIAL, 219

16.1. Conceito de nome empresarial, **221**
16.2. Firma, **222**
16.3. Firma individual, **222**
16.4. Firma social, **223**
16.5. Denominação, **224**
16.6. Proteção ao nome empresarial, **226**
16.7. Princípios informadores do nome empresarial, **227**
16.8. Nome da microempresa e da empresa de pequeno porte, **228**
16.9. Empresas em recuperação judicial, em liquidação e binacionais, **229**

17. **A SOCIEDADE ESTRANGEIRA,** 231

17.1. Conceito e legislação pertinente, **233**
17.2. Sistema de registro, **235**
17.3. Obrigações específicas, **237**
17.4. Restrições e impedimentos, **238**
17.5. O representante no Brasil, **243**
17.6. Publicação de balanços, **245**

18. **A SOCIEDADE NACIONAL,** 247

18.1. Conceito de sociedade nacional perante o novo Código Civil, **249**
18.2. A mudança de nacionalidade, **251**
18.3. Sociedades dependentes de autorização do Governo, **251**

19. **DA ESCRITURAÇÃO EMPRESARIAL,** 253

19.1. Contabilidade, **255**
19.2. Os livros obrigatórios, **256**
19.3. O Diário, **258**
19.4. A escrituração da pequena empresa, **260**
19.5. A exibição judicial dos livros da empresa, **261**
19.6. O valor probante dos livros da empresa, **263**
19.7. Elaboração do balanço patrimonial, **264**

20. **O REGISTRO DE SOCIEDADES,** 267

20.1. A legislação cartorária, **269**
20.2. Empresa e sociedade, **272**
20.3. A organização do registro, **273**
20.4. Carteira profissional de empresário, **274**
20.5. Finalidades do registro, **275**
20.6. Autenticação de documentos, **276**
20.7. A publicidade do registro, **277**

1. DA SOCIEDADE LIMITADA

1.1. Conceito de sociedade limitada

1.2. Características

    1.2.1. Divisão do capital em quotas

    1.2.2. Responsabilidade limitada dos sócios

    1.2.3. Sociedade contratual

    1.2.4. Sociedade de pessoas

    1.2.5. Opção por firma

    1.2.6. Mercantilidade

1.3. Origem e evolução histórica

1.4. Regulamentação legal

1.1. Conceito de sociedade limitada

A sociedade limitada é aquela cujo capital é dividido em quotas e a responsabilidade de cada sócio é restrita ao valor de sua quota. Digamos, por exemplo, a sociedade com capital de R$ 100.000,00, dividido em duas quotas: Alexandre Souza tem uma quota de R$ 70.000,00 e Ezequiel de Abreu R$ 30.000,00. A sociedade responde por suas dívidas ilimitadamente, ou seja, pela totalidade das dívidas, mas se não pagá-las e for executada sem ter bens para garantir o pagamento, cada sócio responderá pelas dívidas da sociedade, mas limitada ao valor de sua quota. Destarte, Alexandre Souza terá que pagar R$ 70.000,00 e Ezequiel de Abreu R$ 30.000,00. As quotas de ambos serão arrecadadas para pagar as dívidas sociais.

Essa responsabilidade é subsidiária, assim considerada que os sócios só responderão pelas dívidas sociais depois de executados todos os bens da sociedade e ela não tiver mais bens para garantir seus débitos. A responsabilidade dos sócios, porém, só é limitada após a integralização de sua quota, ou seja, quando ele pagar à sociedade o valor da quota que subscreveu. Até o pagamento, todos respondem solidária e ilimitadamente pela integralização do capital.

Havia uma dúvida anteriormente: cada sócio responde até o valor total do capital ou até o valor de sua quota. A lei francesa também não deixava bem clara essa situação. Atualmente, a regulamentação da sociedade limitada consta do Código Comercial francês de 1807, mas atualizada por leis posteriores, nos artigos 223-1 a 223-43, contando com 43 artigos, o que representa regulamentação bem ampla. Assim diz esse código:

> La société à responsabilité limitée est institué par une ou plusieurs personnes qui ne support qu'à concurrence de leurs apports.
>
> *A sociedade de responsabilidade limitada é instituída por uma ou várias pessoas que se responsabilizam apenas até o montante de seus aportes financeiros.*

O Código das Sociedades Comerciais, instituído em Portugal pela Lei 262/86, previu a solidariedade dos sócios, o que representa a responsabilidade de cada sócio pelo montante do capital. Assim ele diz:

> *Na sociedade por quotas o capital está divido em quotas e os sócios são solidariamente responsáveis por todas as entradas convencionadas no contrato.*

O Código Civil italiano, por seu turno, ao regulamentar essa sociedade, apesar de lhe dar o nome de sociedade de responsabilidade limitada, não estabelece responsabilidade alguma para os sócios, nem limitada nem ilimitada, mas apenas a responsabilidade ilimitada da sociedade:

> *Art. 2.472:*
> Nella società a responsabilità limitata per le obbligazioni sociali risponde soltanto la società con il suo patrimonio.
>
> *Na sociedade de responsabilidade limitada, pelas obrigações sociais responde apenas a sociedade com o seu patrimônio.*

Nosso código, entretanto, não seguiu, neste aspecto, seu congênere italiano, prevendo a responsabilidade dos sócios pelas dívidas sociais. Pelos dizeres do art. 1.052, esta responsabilidade é limitada ao valor da quota de cada sócio, ou seja, o valor do dinheiro que cada sócio tiver aportado ao capital. Chega-se a essa conclusão pela interpretação gramatical do art. 1.052, graças à conjunção adversativa *mas* que tem o sentido de oposição, de pensamento contrário; aqui é como se dissesse que não há solidariedade, a não ser na integralização do capital. A primeira frase se opõe à segunda. Vejamos como diz o artigo 1.052:

> *Na sociedade limitada, a responsabilidade de cada sócio é restrita ao valor de suas quotas, mas todos respondem solidariamente pela integralização do capital social.*

1.2. Características

Possui várias características que bem a tipificam, mas as duas primeiras se ressaltam como as principais:

1.2.1. *Divisão do capital em quotas*
Seu capital é dividido em quotas, de igual valor ou diferente, diferenciando-se portanto das sociedades por ações. Ressalte-se a dupla grafia da palavra quota, que poderá ser também grafada como cota. É uma palavra sincrética, ou seja, com duas grafias, como loiro e louro, covarde e cobarde, taverna e taberna.

1.2.2. *Responsabilidade limitada dos sócios*
A responsabilidade dos sócios por dívidas da sociedade limitada limita-se à sua parcela no capital, ou seja, sua quota será aplicada no pagamento das dívidas. É conveniente relevar que a responsabilidade limitada é dos sócios e não da sociedade, que responde ilimitadamente pelas suas dívidas. Somos de parecer que o nome certo desse tipo de sociedade deveria ser, no aspecto dogmático, *sociedade de responsabilidade limitada dos sócios*. No direito italiano, francês e alemão é chamada de sociedade de responsa-

bilidade limitada. A designação atual, que lhe dá o Código Civil, de *sociedade limitada*, é, porém, bastante simples, ficando a cargo da doutrina esclarecer seu real significado.

1.2.3. *Sociedade contratual*

É sociedade contratual, isto é, constituída pelo contrato social, que deverá ser registrado na Junta Comercial. É por isso personificada, cuja personalidade jurídica é adquirida com o registro. É característica bem clara que a sociedade limitada se constitui pelo contrato social, pois a lei fala com muita constância no contrato social e até aponta os requisitos dele. Conforme se sabe, as sociedades se classificam, pelo lado doutrinário, em contratuais, de um lado, e institucionais ou estatutárias, de outro. Da categoria dessas últimas são as sociedades por ações, mas a sociedade limitada é contratual, como a sociedade simples, e as outras sociedades empresárias.

1.2.4. *Sociedade de pessoas*

É também sociedade de pessoas. É possível, porém, que a sociedade limitada adquira feições de sociedade de capitais, tanto que é possível aplicar-se a ela a Lei das S.A. Por exemplo: uma sociedade possui dez sócios, com elevado capital e atividade empresarial importante; seu nome tem projeção nacional. As pessoas que transacionam com essa sociedade levam em consideração o nome, a tradição, o patrimônio e outros fatores. Os bancos que lhe emprestam dinheiro baseiam o crédito na análise do balanço dessa sociedade, averiguando principalmente seu capital, o ativo, a lucratividade e até mesmo o *Fundo de Comércio*. Eles não conferem grande importância à pessoa dos sócios. É portanto uma sociedade capitalista e não personalista. No entanto, é bastante rara essa ocorrência – não é fácil manter uma sociedade de pessoas com dez ou mais sócios, pois se torna difícil a *affectio societatis*, o consenso geral dos sócios e a adoção de objetivo comum.

São poucas as sociedades desse tipo de grande porte. É mais própria para a pequena e média empresa. Por essa razão é normalmente de pessoas, aquela em que a figura do sócio é fator de seu sucesso ou fracasso. As qualificações do sócio, sua competência, disposição para o trabalho, seu dinamismo e outros atributos pessoais interferem ou influem na concretização do objeto social. O nome do sócio principal, às vezes, identifica a empresa, como por exemplo, a Padaria do Seu Manoel, a Loja do Seu Jorge, a Indústria do Seu Clemente.

Um fator denuncia a pessoalidade dessa sociedade: a quota de um sócio não pode ser transferida para outrem sem a anuência dos demais sócios. A aceitação obrigatória de uma pessoa como sócia revela que a pessoa dos sócios é fator primordial para a formação dessa sociedade. É fator determinante da *affectio societatis*.

Por outro lado, uma disposição contratual pode revelar a tendência dos sócios em considerar a sociedade limitada como sociedade de capitais: a existência de um artigo no contrato social dispensando a anuência dos sócios na entrada de outro. É sinal de que a pessoa do sócio é irrelevante nas atividades empresariais. Outra cláusula reveladora da mesma tendência será a que dispuser a aplicação subsidiária da Lei das Sociedades por Ações em matéria em que o contrato social seja omisso. Ora, a Lei das Sociedades por Ações é própria das sociedades de capital e se ela deve ser aplicada a um sociedade limitada é porque ela pretende ter as características de sociedade empresária de capitais.

1.2.5. *Opção por firma*

A sociedade por quotas poderá adotar denominação ou firma. A denominação poderá, de preferência, indicar o tipo de atividade, o objeto social; não é, porém, obrigatória essa indicação. Exemplo: Comércio e Indústria de Vestuário Sibil Ltda., ou Comércio e Indústria Sibil Ltda. Obrigatória será, contudo, a presença da palavra *limitada*, abreviada ou por extenso; se ela for omitida, não haverá responsabilidade limitada dos sócios, e todos responderão solidária e ilimitadamente pelas obrigações sociais.

Ela poderá, também, adotar firma ou razão social. A firma deverá conter o nome de um deles ou de todos. Exemplos: Mário Souza, Faria & Cia. Ltda. Não conhecemos qualquer sociedade limitada que adote firma, todas elas preferindo a denominação. Em todo caso, faculta a lei essa possibilidade para quem dela quiser utilizar-se.

1.2.6. *Mercantilidade*

A sociedade limitada é a forma legal de uma empresa mercantil. Contrapõe-se à sociedade simples, por ser a forma de uma sociedade civil. Situa-se, então, a sociedade limitada no grupo das sociedades empresárias. O termo mercantil liga-se etimologicamente à mercadoria, mercado, mercantil, mercatura, mercante, e outros. Assim sendo, a atividade da sociedade limitada está ligada à mercadoria, ou seja, à produção e distribuição de mercadorias. É sociedade típica de indústrias, das empresas que produzem mercadorias, ou que apenas as distribuem. É o caso de um supermercado, por exemplo, que não produz as mercadorias que vende; cumpre o papel de transferir as mercadorias às mãos de suas freguesas. Entretanto, trabalha com mercadorias, o que faz dele uma empresa mercantil.

Se uma sociedade limitada não trabalhar com mercadorias, não poderá ser registrada na Junta Comercial. Aliás, nem seria conveniente, pois uma empresa civil, prestadora de serviços, goza de inúmeras vantagens, mormente de ordem fiscal. Por isso a sociedade limitada deve ser registrada na Junta Comercial e não seria aceito seu registro no Cartório de Registro Civil de Pessoas Jurídicas.

1.3. Origem e evolução histórica

Ao que parece, a sociedade limitada surgiu na Inglaterra, onde já existia, no século XIX, um tipo de sociedade denominada *limited company*, quando predominavam as sociedades por ações. Todavia, a sociedade anônima é mais apropriada para empresa de grande porte e de acentuado formalismo. Por esse motivo, os ingleses sentiram a necessidade de formar uma sociedade mais simples, maleável, singela e mais apropriada para dois ou mais sócios. Seria conservada, porém, a responsabilidade limitada, característica da sociedade anônima. Surgiu, então, em 1862, essa sociedade com o nome de *sociated limited of shares, ou limited by guarantee.*

A França seguiu esses passos, regulamentando essa sociedade com o nome de sociedade de responsabilidade limitada (*société de responsabilité limitée*), no ano seguinte, em 1863. O Código Comercial italiano, hoje revogado e desaparecido em vista da fusão com o Código Civil, deu-lhe regulamentação mais ampla. Ela, porém, se projetou mundialmente com a reformulação legislativa do direito alemão e o surgimento de seu Código Civil em 1892, conhecido como BGB. A normatização alemã espalhou-se e atingiu Portugal, onde surgiu, em 1910, a versão com o nome de sociedade por quotas, de responsabilidade limitada (note-se a presença da vírgula). Parece ter sido a lei portuguesa calcada na lei alemã, pois são muito parecidas. Essa versão é importante para nós, pois a lei brasileira é bem semelhante à portuguesa, que é semelhante à alemã.

Entretanto, a mais completa ordenação dessa sociedade surgiu no Código Civil italiano de 1942, que unificou num só código os outros dois. Já estava no direito italiano, mas, em 1942, ficou mais modernizada. O novo código trouxe regime jurídico da sociedade limitada, que se projetou pelo mundo e finalmente no Brasil, com o Código Civil de 2002. Como foi a base do novo Código Civil brasileiro e das normas reguladoras da sociedade limitada, devemos dar realce a essas inovações.

Ainda no século XIX, o Brasil cogitou de estabelecer esse modelo societário, com base na lei francesa de 1863, mas sem sucesso. Nova tentativa houve no início do século passado, em 1912, quando Inglês de Sousa foi encarregado de rever e elaborar o novo Código Comercial, desejado naquela época. No projeto constava a regulamentação dessa espécie de sociedade, com base na lei portuguesa de 1901. Entretanto, não foi dessa vez que nosso código comercial foi reformulado e não foi introduzida, ainda, a sociedade limitada em nosso direito, já que o Código Comercial de 1850 não a incluíra.

Surgiu silenciosamente em 1919, com o Decreto 3.708. O deputado gaúcho Joaquim Luiz Osório elaborou projeto de lei muito semelhante àquele que Inglês de Souza havia incluído no projeto do Código Comercial, mas que não fora aprovado. Apresentado o projeto na Câmara, não provocou discussões nem alterações, transformando-se na lei regulamentadora dessa sociedade, chamada pela lei de SOCIEDADE POR QUOTAS DE RESPONSABILIDADE LIMITADA, nome inspirado na lei portuguesa, apenas com uma diferença de pontuação; a lei portuguesa escreve quotas e coloca vírgula após essa palavra. O decreto 3.708 tinha apenas 19 artigos e sofreu muitas críticas no decorrer dos 70 anos em que vigorou no Brasil, até surgir o novo Código Civil. Esse decreto foi apontado como confuso, omisso e incompleto, exigindo, após sua promulgação, ampla reformulação. O Professor Waldemar Ferreira, um dos maiores comercialistas do Brasil, ao comentar essa lei, classificou um artigo como "primor de obscuridade".

Todavia, resistiu essa lei galhardamente às críticas e manteve-se inalterada por 83 anos. Sob sua égide foram criadas, logo após sua promulgação em 1919, as primeiras sociedades desse tipo, avolumando-se de tal forma, que hoje constituem quase 99% das sociedades brasileiras. As sociedades civis amoldaram-se a esse modelo societário. Poucas ações correram no foro de São Paulo, e acreditamos que assim tenha sido em outras comarcas, discutindo questões relacionadas com essa espécie de sociedade, ou de interpretação da lei.

Concluímos, então, que essa lei cumpriu sua finalidade, pois os fatos assim demonstram. Todavia, julgamos sempre necessária uma revisão, atualização e reformação do Decreto de 1919, porquanto o tempo e a evolução da economia e da sociedade oferecem situações novas, problemas diferentes do que os de costume e não é possível enquadrá-los todos a um sistema jurídico elaborado em priscas eras. A situação criada pela lei é a de que, sendo ela omissa, remetia para o contrato social a solução dos problemas. Assim sendo, os sócios celebravam o contrato social incluindo nele as cláusulas que lhes convinham e depois não podiam reclamar imperfeições no contrato elaborado por eles. Fácil será de ver que o sócio minoritário haveria de ficar ao desamparo.

Finalmente, a solução do problema veio com a reformulação geral do direito brasileiro, graças à promulgação do novo Código Civil. Em 1967, foi nomeada comissão para revisar nosso superado Código Civil de 1916, da qual faziam parte mestres conceituados como Miguel Reale e Sílvio Marcondes. O projeto elaborado por essa comissão unificava parcialmente o direito privado, fundindo-se num só código o Código Civil e o Código Comercial. O Projeto de Lei 634-B/75 correu pelo Congresso Nacional durante 27 anos, com várias reformulações, revisões, enfim, submetido a inúmeras análises, bastando-se dizer que mais de duas mil modificações foram introduzidas ao projeto inicial. Foi a batalha pelo novo código, que lutou contra tudo e contra todos, granjeando poucos amigos e não poucos inimigos, mas venceu, pois sua vitória final viria cedo ou tarde.

Até que não representa radical transformação no Direito Civil, do aspecto substancial, apegando-se mais a pormenores técnicos e periféricos. No que tange ao Direito Empresarial, entretanto, a reformulação foi ampla, profunda, abrangente. Criou praticamente um novo Direito Empresarial e, consequentemente, novo Direito Societário, introduzindo no Brasil o Direito Empresarial já implantado em todo o mundo, que o Brasil relutava em aceitar, permanecendo na contramão da história. Se houve luta por essa transformação, foi ela empreendida principalmente pelos comercialistas, que não mais suportavam conviver com um Direito Empresarial superado, confuso, contrastante e dissociado da realidade. O ensino do Direito Comercial nas faculdades era verdadeiro martírio para mestres e acadêmicos.

O Direito Societário foi reformulado de fio a pavio, tal é a extensão e profundidade da mudança de critérios, de fundamentos e de normas operadas nas sociedades. Criou a sociedade simples, cujas disposições aplicam-se à sociedade limitada e outros modelos de sociedade. O principal acontecimento histórico apresentado pela nova legislação foi porém a nova regulamentação dada à sociedade limitada.

Malgrado tenham sido esperadas e por elas muitos lutaram, principalmente os comercialistas. As inovações introduzidas irão provocar mal-entendidos na sua aplicação. O Brasil conviveu mais de um século com um direito empresarial omisso, anacrônico e imperfeito, mas simplista e ao qual o país já estava acomodado e conformado. O Decreto 3.708, de 1919, apesar de omisso, tem grande vantagem: transfere para os sócios a possibilidade de pactuarem o que lhes aprouver na formulação do contrato social. As linhas mestras dessa sociedade estavam, portanto, expressas no contrato social, que visa a regulamentar seu funcionamento. O contrato passa a ser então o conjunto de normas orientadoras de quase todas as atividades da sociedade por quotas de responsabilidade limitada, desde que suas cláusulas não se oponham a disposições da lei. Tão simplista e tão cômoda ficou a situação que nem precisava mais de advogado para elaborar contrato de sociedade, assunto que passou para a alçada dos contadores. O contrato é um impresso vendido nas papelarias e basta preencher alguns claros.

Como reagirá nosso país ao assimilar um direito sofisticado, aperfeiçoado, vibrante e evoluído como o de agora, comparável ao direito dos países do primeiro mundo jurídico, como o da Itália, França, Alemanha e outros? Estamos certos de que essa adaptação será demorada e eivada de dificuldades. Por essa razão, procuramos fazer neste trabalho a análise cuidadosa de todos os pormenores da lei, expressos nos 36 artigos do Código Civil referentes à sociedade limitada, por ser obra quase que pioneira e inovadora. Os 36 artigos do Código Civil tratam da sociedade limitada em quase todos os seus aspectos, em várias seções, a saber:

1. Disposições preliminares
2. Das quotas
3. Da administração
4. Do Conselho Fiscal
5. Das deliberações dos sócios
6. Do aumento e redução do capital
7. Da resolução da sociedade em relação aos sócios minoritários
8. Da dissolução.

1.4. Regulamentação legal

Com o advento do Código Civil, em 2002, a sociedade limitada teve, enfim, a regulamentação legal merecida, tendo sido legalmente reformulada de forma bem ampla, com seus contornos bem definidos. Em sido criticada por alguns, sob a acusação de ser, por demasiado, formalista, até parecendo S.A. Causou impacto em vista de substituir uma regulamentação predominante por 83 anos, com uma lei de apenas 19 artigos, por demais sumária e simplista.

Complementando, diz o art. 1.053 que se aplica à sociedade limitada as normas da sociedade simples, no que o Código Civil for omisso. Recebe a cobertura legal de um tipo de sociedade que lhe é bem semelhante, o que lhe dá maior segurança. Assim, se houver divergências na interpretação de algum artigo, seu sentido ficará mais bem evidenciado na comparação com o artigo correspondente da sociedade simples.

Por outro lado, os sócios poderão adotar algumas disposições da sociedade anônima, inserindo-as no contrato social, como é o caso do Conselho fiscal e deliberações dos sócios em assembleia geral. Nesse caso, aplica-se subsidiariamente à sociedade limitada a Lei das Sociedades por Ações, tendo-se em vista a proximidade legal das duas sociedades. Seria, então, aplicada à sociedade limitada o sistema previsto no Código Civil; supletivamente a da sociedade simples e em terceiro a lei da sociedade por ações. Todavia, a aplicação da lei das sociedades por ações só será aplicada à sociedade limitada se a aplicação estiver prevista no contrato social.

Não se pode dizer que o Código Civil tenha criado nova sociedade; na verdade, é sucessora da antiga sociedade por quotas de responsabilidade limitada, criada pelo Decreto 3.708/19. Houve completa reformulação legislativa da sociedade por quotas de responsabilidade limitada, incluindo nessa reformulação o novo nome. Todavia, conservaram-se as características básicas e os aspectos fundamentais da antiga sociedade. Podemos dizer então que a sociedade limitada é uma sociedade resultante da sociedade por quotas de responsabilidade limitada, reformada pelo novo Código Civil.

2. CONSTITUIÇÃO E REGISTRO DA SOCIEDADE LIMITADA

2.1. Constituição da sociedade limitada

2.2. Atos constitutivos

2.3. Conceito de contrato social

2.4. Elementos essenciais:

    2.4.1. Acordo de vontades

    2.4.2. Formação do capital

    2.4.3. *Affectio societatis*

    2.4.4. A obtenção de lucros

2.5. O registro dos atos constitutivos

2.6. O *status* de sócio

2.7. Capacidade para ser sócio

2.8. Situação do sócio estrangeiro

2.1. Constituição da sociedade limitada

Uma sociedade se constitui, ou seja, se forma, de diversas maneiras. A constituição da sociedade é o conjunto de providências, de confabulações, de documentos, que visem a dar à sociedade sua vida e sua existência. Destinam-se todos esses fatores a garantir a sobrevivência da sociedade, compondo a fase de sua vida, que antecede ao início das operações, como condição essencial. Sem a sua constituição e registro, ela não pode praticar qualquer ato, e se o praticar, esse ato não lhe produzirá direitos. Ao revés, se não lhe produzir direitos, produzirá obrigações, não só à própria sociedade, mas também aos promotores de sua constituição.

Por exemplo: ela vende um produto, mas o comprador não paga; não poderá exercer a cobrança judicial de seu crédito, pois praticou um ato para o qual não tinha condições jurídicas. Se ela sacar uma duplicata contra seu devedor, será ato ilegal, sem efeitos jurídicos favoráveis, mas com várias responsabilidades, até mesmo criminais. Ao revés, se ela comprar alguma coisa e não pagar, seu fornecedor poderá sacar duplicata contra ela, protestá-la e executá-la, pedindo a penhora de seus bens, se os tiver, e de seus sócios pessoalmente.

Há três formas de constituição de sociedade: por contrato, por assembleia e por lei, razão porque são chamadas de contratuais, estatutárias e legais. A sociedade limitada é sempre contratual.

É de natureza contratual, vale dizer, constituída por um contrato de constituição de sociedade, que, por isso, é chamado de *contrato social*. É a forma mais usual de se constituir uma sociedade, malgrado não seja a única. Algumas sociedades se constituem por ato constitutivo chamado *contrato social*. Outras, porém, como as sociedades por ações, constituem-se de forma bem diferente, com vários atos constitutivos, como *ata da assembleia geral de acionistas*. O documento básico de seu funcionamento é o *estatuto*. As sociedades públicas são constituídas por uma lei. De acordo com esses atos constitutivos, as sociedades dividem-se em contratuais, estatutárias e legais.

O contrato social é o acordo entre os sócios para constituir a sociedade, após as longas deliberações entre eles: deve haver concorrência unânime de opiniões, pois o contrato precisa ser assinado por todos os sócios. Se um sócio não estiver de acordo, não assinará o contrato.

O estatuto não é um acordo de vontades; ele é votado, mas não assinado. Se, numa assembleia geral, um acionista vota contra o estatuto e ele é aprovado por maioria, seu voto contrário não o isenta de obediência a esse estatuto. Há diferença ainda no conteúdo de cada: o contrato social estabelece normas práticas objetivas e pessoais; o estatuto estabelece normas gerais, abstratas e impessoais. São sociedades estatutárias ou (institucionais) as sociedades por ações, isto é, a sociedade anônima e a sociedade em comandita por ações.

A terceira forma de criação da sociedade é a legal, isto é, com a criação pela lei. É o caso da empresa pública e da sociedade de economia mista, sendo ambas estatais. Essas empresas, segundo o Decreto-Lei 900/69 que as regulamenta, são definidas como entidades dotadas de personalidade jurídica de direito privado, criadas por lei, para exploração econômica que o governo seja levado a exercer por força de contingência ou de conveniência administrativa.

2.2. Atos constitutivos

Atos constitutivos são os documentos que comprovam os acertos e os componentes de uma sociedade, a existência dessa sociedade e suas características e elementos. O ato constitutivo primordial é o contrato social e seu registro na Junta Comercial, comprovado pela Certidão de Registro. É o ato que constitui a sociedade limitada, daí a designação de atos constitutivos.

Para que se forme a sociedade limitada é necessário um acordo de vontades em que os sócios decidem constituir a sociedade, prevendo os direitos e obrigações que caberão a cada um. Esse acordo de vontades é formalizado no contrato social. É um ato coletivo ou plurilateral para nele se integrarem todos os sócios. Difere, contudo, dos contratos comuns, que se exaurem numa operação, enquanto o contrato social é estabelecido sem vencimento, com ânimo de duração ilimitada.

Não basta formalizar o contrato social; a sociedade limitada é uma sociedade empresária, e, portanto, só terá existência legal quando for registrada na Junta Comercial. Se fosse sociedade simples, no Cartório de Registro Civil de Pessoas Jurídicas. O registro das sociedades empresárias se faz nos termos da Lei 8.934/94, devidamente regulamentada pelo Decreto 1.800/96. O *modus faciendi* do registro de sociedades mercantis está previsto nos arts. 62 a 82 desse decreto.

O contrato social é o primeiro ato constitutivo da sociedade limitada, mas não o único. A Certidão de Registro da Junta Comercial também pode ser considerado ato constitutivo. Qualquer modificação que se opera nessa sociedade implicará alteração do contrato, formando outro ato constitutivo a ser registrado no órgão público competente.

O contrato social deverá apresentar certas características essenciais de acordo com o modelo societário adotado. A formação do contrato é mais ou menos uniforme e tem como modelo o da sociedade simples, expresso no art. 977 do novo Código Civil. Ele pode ser elaborado por instrumento público ou particular. Normalmente é feito por instrumento particular, pois o instrumento público é elaborado por cartório oficial; é custoso e trabalhoso. As cláusulas essenciais são aquelas que não podem faltar no contrato; são obrigatórias. São as seguintes:

1. O nome, nacionalidade, estado civil, profissão e residência dos sócios, documentos identificadores (enfim, a qualificação completa dos sócios). É possível que haja pessoas jurídicas como sócias; nesse caso, deverão constar o nome empresarial (firma ou denominação), nacionalidade, sede, registros identificadores, como o CGC e a IE. Se o sócio for solteiro, deverá constar sua data de nascimento.

2. O nome empresarial da sociedade (firma ou denominação).

3. A sede social, ou seja, o domicílio da sociedade.

4. O objeto social de modo claro e preciso. Por exemplo, não basta dizer indústria, mas o tipo de indústria: metalúrgica, alimentícia, têxtil, mecânica, etc.

5. O prazo de duração. Geralmente é por tempo indeterminado, mas a sociedade pode ter prazo de duração.

6. O capital social, expresso em moeda nacional, sua divisão em quotas e a quem pertencem essas quotas.

7. O modo de realização do capital: se é realizado no ato da constituição da sociedade, ou será posteriormente; se é realizado em dinheiro ou bens, ou prestação de serviços (neste caso, devem constar as prestações a que se obriga o sócio). Realizar tem o sentido de pagar.

8. Quem são seus administradores, também chamados de representantes legais, e seus poderes e atribuições. É possível que todos os sócios sejam administradores, também chamados sócios-gerentes; assim sendo, bastará dizer que todos os sócios estão incumbidos da administração da sociedade. Esta sociedade poderá ter dois tipos de sócios: o sócio-quotista e o sócio-gerente. O sócio-quotista é o prestador de capital, possuindo sua quota, mas não toma parte na administração da sociedade. O administrador, ou sócio-gerente, é também quotista, mas fica à testa da empresa; é o seu representante legal e a faz funcionar. Recebe uma remuneração chamada de pró-labore, pelo serviço que presta à empresa. Sendo os administradores

nomeados no contrato, é obrigatória a indicação de seus poderes e atribuições.

9. A participação de cada sócio nos lucros e nas perdas.

10. O modelo societário, a forma prevista em lei. No presente caso tem que constar que os sócios decidem constituir uma sociedade sob a forma de *sociedade limitada*. Aliás, o contrato fala várias vezes no tipo de sociedade, como por exemplo ao falar em quotas, que a responsabilidade dos sócios é limitada ao valor do capital, ao dizer o nome da sociedade constando ser limitada.

11. O foro ou cláusula arbitral. Conforme faremos pormenorizado estudo neste compêndio, é conveniente incluir no contrato uma cláusula dizendo que eventuais divergências quanto à interpretação ou execução do contrato serão resolvidas por arbitragem e mediação.

12. Se os sócios respondem, ou não, subsidiariamente, pelas obrigações sociais.

13. Data do encerramento do exercício social, quando não coincidente com o ano civil. Como se sabe, no dia 31 de dezembro encerra-se o exercício social, quando a sociedade deverá levantar o balanço. Mas essa data não é obrigatória, podendo a sociedade escolher qualquer data; neste caso, porém, deverá indicá-la no contrato.

Existem, contudo, algumas cláusulas facultativas, à escolha dos sócios, como, por exemplo, as regras das reuniões dos sócios, previsão de regência supletiva da sociedade pelas normas da sociedade anônima, conforme previsto no art. 1.053-parágrafo único, exclusão de sócio por justa causa (art. 1.085), autorização de pessoa não sócia ser administrador (art. 1.061), instituição de conselho fiscal (art. 1.066).

Nunca será demais se referir à necessidade de se constar no contrato a ser registrado a assinatura de um advogado, aprovando o teor desse contrato. Trata-se de antiga luta dos advogados para valorizar sua profissão e considerar a elaboração do contrato social como tarefa própria de advogado.

2.3. Conceito de contrato social

A sociedade é analisada sob diversos critérios, alguns dos quais são expostos neste compêndio. Podemos dizer também que a sociedade é a conjugação de esforços de várias pessoas para desenvolver um empreendimento lucrativo. Estamos aqui examinando a sociedade como um conjunto de documentos.

A sociedade é constituída por um negócio jurídico celebrado entre duas ou mais pessoas, estabelecendo um acordo mútuo para operar em conjunto. A expressão negócio jurídico, aqui aplicada, é no sentido de ato jurídico, adotado pelo antigo código. Esse negócio jurídico é chamado de contrato de sociedade ou contrato social. Graças a ele se constitui a sociedade, razão por que é chamado de ato constitutivo.

Esse documento tem um conceito adotado universalmente, de forma mais ou menos uniforme, partindo do que foi expresso no art. 2.247 do Código Civil italiano, modelo que inspirou o novo Código Civil brasileiro:

> Com il contratto di società due o più persone conferiscono beni o servizi per l'esercicio di una atività economica allo scopo di dividirne gli utili.
>
> *Com o contrato de sociedade, duas ou mais pessoas conferem bens ou serviços para o exercício de uma atividade econômica com o fim de dividir os rendimentos dela.*

2.4. Elementos essenciais

Vimos, no item anterior, quais os elementos essenciais do contrato, mas o assunto é por demais delicado e importante em termos de Direito Societário, pois a sociedade gira na órbita do contrato que a constitui. Nota-se que o contrato social implica que as pessoas que a constituem integrem nela bens, geralmente dinheiro, e tenham como objetivo dividir entre eles os rendimentos proporcionados pela sociedade. Partindo do conceito já firmado, poderemos nos aprofundar na questão, examinando os elementos e característicos próprios deles, agrupados em cinco características adiante expostas:

2.4.1. *Acordo de vontades*

Para que haja sociedade, há necessidade de uma pluralidade de pessoas, vale dizer, duas ou mais pessoas. Se o contrato é o acordo de vontades, deve ser a vontade de no mínimo duas pessoas, pois uma só não forma sociedade (*non datur societas de individuo*). Se há uma sociedade, deve haver sócios, as pessoas que a compõem, os manifestadores da vontade. Há realmente algumas exceções, mas discutíveis: a sociedade unipessoal, como uma empresa pública, com o capital totalmente em nome do governo, a subsidiária integral, prevista no art. 251 da Lei das S.A. Conveniente será dizer que os sócios que compõem uma sociedade podem ser pessoas naturais e jurídicas.

2.4.2. *Formação do capital*

Para que uma sociedade se constitua, obrigatório se torna o aporte financeiro dos sócios, para formar o capital com alguma quota, ou esta consista em dinheiro ou em bens de alguma espécie, ou sem serviços prestados. No caso da sociedade limitada, é vedada a contribuição que consista em prestação de serviços. Em outras palavras, o capital da sociedade limitada é formado pela contribuição em dinheiro ou em bens.

Em princípio, os sócios devem conferir dinheiro para a formação do capital, o que acontece regularmente. Há, porém, a possibilidade de contribuir com bens ou serviços prestados, que possam ser transformados em dinheiro a ser incorporado ao capital. É o caso, por exemplo, de um sócio que cede à sociedade o imóvel em que ela instalou seu estabelecimento. Essa prática está em desuso atualmente, por ensejar fraudes e conchavos. É admitida pela Lei das S.A., que, entretanto, impõe sérias condições para ser utilizada.

2.4.3. *Affectio societatis*

Sendo a sociedade um esforço coletivo conjugado, necessita não apenas da contribuição material para constitui um ativo, mas do espírito de colaboração mútua dos sócios. Baseado na confiança recíproca, esse estado psicológico garante um trabalho em equipe dos sócios, essencial para o funcionamento e sobrevivência da sociedade. Trata-se de um patrimônio intelectual da sociedade, sem condições de ser contabilizado.

É a vontade declarada no contrato, mas que deve, na mente dos sócios, ser firme, sincera e leal. São as boas intenções de reunir esforços e trabalhar em conjunto, mantendo um objetivo comum previamente estabelecido, Por essa razão, não é possível a entrada de um novo sócio sem que todos os demais estejam de acordo, pois a confiança mútua é o fundamento da *affectio societatis*.

A *affectio societatis* deve prevalecer mesmo numa sociedade de capitais. Um cidadão pode tornar-se acionista de uma companhia, adquirindo ações no pregão da Bolsa de Valores Mobiliários, sem saber quem são os demais acionistas e nem os diretores dessa S.A. Os outros acionistas, por sua vez, desconhecem o novo adquirente das ações. Todavia, nas deliberações, se cada acionista não revelar a intenção de participar do esforço conjunto, a sociedade estará fadada ao fracionamento.

A sociedade limitada pode ser, embora raramente, sociedade de capitais e ter mais do que dez sócios e não será preciso a anuência da totalidade dos demais sócios, conforme estudaremos mais tarde. Ainda neste caso, a *affectio societatis* será imprescindível.

2.4.4. *A obtenção de lucros*

A perseguição ao lucro e sua distribuição aos sócios, proporcionalmente ao capital, é o objetivo da sociedade, qualquer que seja o seu objeto e qualquer que seja seu modelo societário. Se o contrato de uma sociedade disser que ela não objetiva o lucro, não poderá ser registrada no órgão competente. A esse respeito, é de bom alvitre distinguir o *objeto* e o *objetivo* da empresa. O objeto é a atividade empresarial, o ramo de negócio, também chamado de *segmento de mercado* (indústria, comércio, serviços, mineração, agricultura, e outros). E não basta dizer de forma geral, mas especificada; assim, se for prestação de serviços, indicar se são serviços médicos, de manutenção, de segurança, de limpeza, de propaganda: se for indústria, deverá apontar se é indústria alimentícia, metalúrgica, automobilística, química, ou outras.

O objetivo da sociedade é o lucro, para distribuição entre os sócios. Por isso, será nula a sociedade em que se estipular no contrato que a totalidade dos lucros pertença a um dos sócios; igualmente será nulo o contrato social que excluir um sócio da participação nos lucros. Nossa jurisprudência já tomou decisões de que se uma sociedade obteve lucros ficou obrigada a distribuí-los, a menos que o sócio abra mão desses lucros, reinvestindo-os no capital da sociedade.

Consequência do direito de participação dos sócios nos lucros obtidos pela sociedade será também o risco e a responsabilidade nos prejuízos que ela apresentar. Nulo será o contrato que desonerar um ou mais sócios da participação nas perdas ocasionadas pelas atividades sociais. A empresa assume os riscos da atividade econômica, conforme considera o art. 2º da CLT:

> *Empregador é a empresa individual ou coletiva, que assumindo os riscos da atividade econômica, admite, assalaria e dirige a prestação pessoal de serviços.*

É conveniente ressaltar que o contrato social da sociedade limitada, como de qualquer outro tipo de sociedade, deverá ter a assinatura de um advogado.

2.5. O registro dos atos constitutivos

Nos trinta dias subsequentes à sua constituição, deve a sociedade limitada requerer a inscrição do contrato social na Junta Comercial. Ultrapassando esse prazo, a sociedade é irregular e sofrerá as consequências dessa irregularidade. O Departamento Nacional de Registro do Comércio expediu em 23.12.2003 a Instrução Normativa 98/03, instituindo o MANUAL DE ATOS DE

REGISTRO DA SOCIEDADE LIMITADA, apontando os requisitos exigidos para o registro da sociedade limitada e definindo seus trâmites.

A sociedade limitada deverá requerer seu registro na Junta Comercial, com requerimento pelo seu fundador ou por qualquer sócio. Se ela encarregar um terceiro, como advogado ou contador, para providenciar esse registro, deverá dar procuração com firma reconhecida, com poderes específicos para tanto.

Ao requerimento juntará o contrato social original, assinado por todos os sócios e duas cópias. Se for constituída por instrumento público, precisará de três vias da certidão de inteiro teor. Vários outros documentos devem ser anexados:

1. Declaração de desimpedimento para o exercício de administração de sociedade empresária, assinado pelo administrador designado no contrato. Os impedimentos a que estamos nos referindo estão previstos no art. 1.011, que transcrevemos:

> Os condenados a pena que vede, ainda que temporariamente, o acesso a cargos públicos; ou por crime falimentar, de prevaricação, peita ou suborno, concussão, peculato; ou contra a economia popular, contra o sistema financeiro nacional, contra as normas de defesa da concorrência, contra as relações de consumo, a fé pública ou a propriedade, enquanto perdurarem os efeitos da condenação. Há ainda impedimentos por lei especial.

2. Cópia autenticada de documento de identidade dos administradores e do signatário do requerimento. Essa identificação pode ser feita pelo RG, Carteira de Trabalho ou de motorista.
3. Guia de recolhimento das taxas da Junta Comercial.

Esse é o sistema normal de registro, mas, em alguns casos especiais, outros documentos são exigidos. É o caso de empresa cujo funcionamento depende de autorização do Poder Público, como serviços aéreos, convênios de assistência médica, financeiras. Deve ser então, anexada aos outros documentos, também a autorização oficial para funcionar.

O contrato será devolvido com carimbo da Junta Comercial, ficando lá uma cópia. Feito o registro, a sociedade limitada adquire sua personalidade jurídica. Se algum sócio tiver sido representado no contrato por procurador, deve ser juntada a respectiva procuração, com firma reconhecida.

As modificações do contrato social que tenham por objeto as cláusulas contratuais obrigatórias por lei dependem do consentimento de todos os sócios; as outras podem ser decididas por maioria de votos, se o contrato não determinar a necessidade de deliberação unânime. As modificações serão averbadas no registro da sociedade limitada, na Junta Comercial.

Os atos constitutivos não se resumem no contrato social, mas também em suas modificações, que impliquem mudança na estrutura da sociedade, que são enumeradas no art. 997. Quaisquer dessas modificações só produzem efeito perante terceiros após a averbação no registro. Essas alterações contratuais exigem concordância de todos os sócios. Por exemplo: saída de um sócio, entrada de outro, aumento do capital social, mudança de domicílio, ou da denominação ou do objeto social.

A sociedade limitada que instituir sucursal, filial ou agência em lugar sujeito à jurisdição de outro Estado, ou seja, de outra Junta Comercial, nela deverá inscrevê-la, com a prova da inscrição originária. Em qualquer caso, a constituição de filial ou agência deverá ser averbada na Junta Comercial da sede. A Junta Comercial tem jurisdição apenas num Estado; destarte, a sociedade registrada na Junta Comercial do Estado de São Paulo, se for abrir filial em Pernambuco, precisará registrar essa filial na Junta Comercial de Pernambuco, que deverá também ser averbada no registro de São Paulo.

2.6. O *status* de sócio

No exame da sociedade, temos que analisar a posição das pessoas que a compõem: os sócios. A aquisição do *status* de sócio se dá na constituição da sociedade quando duas ou mais pessoas decidem constituí-la e assinam o contrato social, registrando-o no órgão competente. É possível tornar-se sócio não originário, vale dizer, na constituição. Após ter sido constituída, a sociedade pode admitir novos sócios, pois há o número mínimo de dois, mas não há máximo. É possível ainda a cessão de quota de um sócio para um terceiro, saindo um e entrando outros; nesse caso deverá haver sempre a concordância dos demais sócios.

O sócio é uma pessoa geralmente física, mas a lei não veda a inclusão de pessoa jurídica como sócio. A sociedade pode ter como sócios exclusivamente pessoas jurídicas. O administrador (ou sócio-gerente) será uma pessoa física, mas agindo em nome da pessoa jurídica. Tanto a pessoa jurídica como a pessoa física tem personalidade jurídica própria, e, como consequência, um patrimônio próprio; nem o patrimônio nem a personalidade jurídica do sócio se confundem com a da sociedade, pois são pessoas distintas.

Sendo pessoas, os sócios deverão ter capacidade jurídica para o exercício dessa função. Reza nosso código que a validade do negócio jurídico requer pessoa capaz, objeto lícito e forma prescrita ou não vedada em lei. Assim, não pode entrar como sócio no contrato social um menor de idade, um interdito, um falido. Após o advento do Estatuto da Mulher Casada, em 1962, a mulher casada é plenamente capaz, dispensando outorga marital. O novo Código Civil regulamenta a capacidade jurídica empresarial nos artigos 972 a 980. No presente momento, entretanto, estamos examinando a capacidade jurídica para ser sócio e não administrador.

2.7. Capacidade para ser sócio

Além dos requisitos exigidos pelo Código Civil e por leis especiais, e respeitados os impedimentos legais, o Manual dos Atos de Registro da Sociedade Limitada, instituído pela Instrução Normativa DNRC. 98/2003, aponta mais algumas exigências para a posição de sócio. A primeira exigência é a de ser maior de 18 anos e se achar na livre administração de sua pessoa e de seus bens. Há algumas exceções e concessões especiais, porém, aplicadas a pessoas que se encontram na faixa de 16 e 18 anos, que são os relativamente incapazes. Vamos esclarecer que essa capacidade será sócio, não administrador.

Uma dessas concessões é dada ao menor emancipado, ou seja, cuja maioridade foi antecipada. A emancipação ocorre pela outorga dada pelos pais ou responsável por um menor, concedendo-lhe a livre administração de sua pessoa e de seus bens. Essa outorga se faz por instrumento público, mas também poderá ser requerida em juízo pelos pais ou responsável, sendo concedida por sentença judicial. O instrumento que concede a emancipação deve ser inscrito no Cartório de Registro Civil de Pessoas Naturais e na Junta Comercial. Ele deve ser juntado no requerimento à Junta Comercial para o registro da sociedade.

Outro caso em que o menor relativamente incapaz, isto é, entre 16 e 18 anos, poderá ser sócio da sociedade limitada é pelo casamento. Ao casar, ele passa a ser chefe de família responsável legal por seus filhos. Não seria lógico ser responsável por outras pessoas e não ser por si próprio.

A terceira concessão é a inclusão do relativamente incapaz no contrato social pelo pai, com a declaração de desimpedimento. Se o pai inclui seu filho como sócio numa sociedade junto com ele está tacitamente concedendo a ele relativa emancipação. É relativa porque se limita aos poderes de sócio. Ou então que o relativamente incapaz ganhe salário que lhe conceda economia própria.

Poderá ser sócio o relativamente incapaz que tenha colado grau em curso superior. Se ele tem nível cultural superior, deve ter capacidade de exercer direitos de sócio. É possibilidade bastante rara, pois, geralmente, há limite de idade nos cursos superiores e, em sua maioria, o tempo médio de quatro ou cinco anos, como é o caso do curso de direito, de economia e administração.

Outra possibilidade é se esse menor exercer cargo público efetivo, o que também é difícil ocorrer, pois a inscrição em concursos públicos para servidor ocupante de cargo em órgão da administração pública direta, autarquia ou fundação pública federal, estadual ou municipal, exige a maioridade.

Circunstância especial é a do sócio assistido, o relativamente incapaz que exerce seus direitos com assistência de seu pai ou responsável. Ele pode assinar documentos, mas deverá contar com a assinatura do pai. Há casos em que o relativamente incapaz, ainda que de maior idade, é assistido por um curador. É o caso do pródigo e aqueles que, por enfermidade ou deficiência mental, não tiverem o necessário discernimento para os atos da vida civil; os doentes mentais, os ébrios habituais e os viciados em tóxicos; os excepcionais sem completo desenvolvimento mental. As pessoas nessa situação podem ser sócios, mas assistidos pelo seu curador. Os indígenas situam-se, às vezes, nessa situação.

Outra circunstância especial é a da representação. O sócio representado é, em certo momento, absolutamente incapaz de praticar certos atos, como, por exemplo, um sócio ausente, que se encontra desaparecido. O menor de 16 anos é também um absolutamente incapaz. Nesses casos, quem o representa, ou seja, pratica atos em nome dele, é o pai. Às vezes, são representados pelo curador, que pode ser o próprio pai. São os que, por enfermidade ou deficiência mental, não tiverem o necessário discernimento para a prática desses atos e os que, mesmo por causa transitória, não puderem exprimir sua vontade.

2.8. Situação do sócio estrangeiro

Existem alguns aspectos especiais para o registro de sociedade em que haja sócio estrangeiro. Nesta questão, a consideração de estrangeiro não adota o critério de nascimento, porém de domicílio. O sócio estrangeiro é a pessoa física ou jurídica domiciliada em outro país, ainda que seja brasileiro. Podemos citar como exemplo Pelé e Wilson Fittipaldi, que declararam seu domicílio nos Estados Unidos da América e Suíça, respectivamente.

O sócio estrangeiro, ou seja, qualquer pessoa natural residente no exterior deverá obter documento de identidade, emitido por autoridade brasileira, e juntar fotocópia autenticada desse documento ao registro da sociedade limitada. Se o pedido desse documento estiver ainda em processo, poderá ser anexado o protocolo com o número do registro. Deve ser também arquivada na Junta Comercial procuração específica passada pelo sócio estrangeiro, outorgada a seu representante no Brasil, com poderes para receber citação judicial em ações propostas contra ele ou contra a sociedade, fundamentados na legislação que rege o respectivo tipo societário, neste caso a sociedade limitada.

Os documentos oriundos do exterior deverão ser autenticados ou visados por autoridade consular brasileira, conforme o caso, no país de origem, devendo tais documentos ser acompanhados de tradução efetuada por tradutor matriculado em qualquer Junta Comercial, o chamado *tradutor público juramentado*.

3. DO CAPITAL DA SOCIEDADE LIMITADA

3.1. Necessidade de capital

3.2. Divisão do capital em quotas

3.3. Das quotas sociais

3.4. Efeitos da quota

3.5. Da penhora das quotas

3.6. Indivisibilidade das quotas

3.1. Necessidade de capital

Se uma empresa pretende instalar-se, a primeira iniciativa que lhe cabe é a de reunir dinheiro suficiente para que possa instalar-se; formar um quadro de pessoal, adquirir equipamentos. Precisará de um imóvel em que possa manter sua sede, terá despesas de administração, publicidade e tantas outras. Se for uma indústria, haverá necessidade de equipamentos operacionais. Por isso, os sócios devem cumprir seu dever primordial: aportar recursos para a sociedade que dará forma jurídica a essa empresa.

Esses aportes financeiros carreados à sociedade recebem, em sentido geral, o nome de capital social. Não é só por necessidade imperiosa para a vida da sociedade; contudo, a primordial obrigação dos sócios é a de contribuir com valores à formação do capital social. Essa obrigação se revela, logo de início, no próprio conceito de qualquer sociedade, conforme se vê no art. 981 do CC:

> *Celebram contrato de sociedade as pessoas que reciprocamente se obrigam a contribuir, com bens ou serviços, para o exercício de atividade econômica e a partilha, entre si, dos resultados.*

Tratando-se de sociedade limitada, não é possível haver contribuição em serviços, mas só em bens. Os bens a que se refere o art. 981 deve ser o dinheiro, mas a lei faculta ao sócio contribuir com outros bens; é a hipótese em que um sócio dá um imóvel em pagamento do capital. É como se vendesse esse imóvel à sociedade e recebesse em pagamento por ele a participação no capital, vale dizer, o dinheiro que deveria receber pela venda do imóvel incorpora-se ao capital. Poderia contribuir com máquinas, títulos de crédito, veículos, ou outros bens, mas eles sempre representam dinheiro para subscrever o capital da sociedade. Poderia até contribuir com quotas de outras sociedades.

Conforme veremos no estudo referente às obrigações dos sócios para com a sociedade, o sócio que não cumprir a obrigação de conferir o dinheiro para a formação do capital quando já tiver se comprometido no contrato social ficará sujeito a várias sanções. Essa obrigação é um princípio tradicional no Direito Societário e já estava prevista no antigo Código Comercial de 1850, revogado pelo novo Código Civil, mas cujo art. 287 permanece como fundamento societário:

> *É da essência das companhias e sociedades comerciais que cada um dos sócios contribua para seu capital com alguma quota.*

Vemos assim que não há no ordenamento jurídico societário uma sociedade sem capital, por onde se vê que o capital é imprescindível à configuração da sociedade; é, portanto, da essência da sociedade. É tão mais importante, que forma a garantia do sócio perante a sociedade, e também do sócio perante terceiros, uma vez que a parcela dele é o limite da responsabilidade pelas dívidas sociais.

Não há limite para o valor do capital, nem mínimo nem máximo, do ponto de vista legal. A lógica, entretanto, nos aponta certos limites, para que o capital não se torne fictício. Digamos que uma sociedade limitada seja constituída por dois sócios, com o capital de R$ 2,00, sendo uma quota de R$ 1,00 para um deles, ficando o outro com a quota de igual valor. Vê-se que é um capital fictício, como se fosse uma sociedade sem capital. No ponto oposto, seria uma lojinha de roupas com vultoso capital. Nenhum banco ou fornecedor iria dar crédito a uma sociedade fictícia. Deve, pois, a sociedade possuir capital no valor compatível com suas necessidades econômicas, nem alto nem baixo.

A lei não fixa a data em que o sócio deva fazer o aporte do valor de sua contribuição para formar o capital. Todavia, se não fixa data, deve-se concluir que seja no momento da celebração do contrato social. A lei também diz que se o sócio não fizer ingressar o seu quinhão no capital ficará sujeito a sanções, o que nos faz entender que o cumprimento dessa obrigação, ou seja, de sua quota, conhecido por integralização, deva ser imediata.

Aspecto em que surgem dúvidas é se o capital faz parte da sociedade, mas a maioria dos juristas é de opinião de que o capital é patrimônio dos sócios e não da sociedade. No balanço, o valor do capital está situado no passivo e não no ativo; situa-se destarte junto com as obrigações. Se um sócio tiver motivos legais para sair da sociedade, ela terá que lhe devolver o valor de sua quota, ou seja, do valor contribuído para a formação do capital. É, pois, uma responsabilidade da sociedade; uma obrigação.

Outro aspecto reforça essa situação: a sociedade não pode transferir a quota do sócio, isto é, a parcela do capital pertencente a um sócio, para outra pessoa. Esse poder de transferência representa o exercício do direito de propriedade, *jus utendi, fruendi et abutendi* = direito de usar, gozar e dispor. Demonstra assim que a quota é propriedade do sócio e não da sociedade, apesar do sócio ser chamado não de proprietário, mas de titular da quota.

A integralização do capital, vale dizer, o aporte de bens a que se obriga o sócio para com a sociedade, deve ser feita em dinheiro, sendo excepcional a utilização de outros bens. Além disso, não é tranquila essa forma de integralização. Como o Código Civil não prevê o *modus faciendi* da incorporação de bens de outra espécie que o dinheiro, esse processo caminha de acordo com a Lei das Sociedades por Ações. Será preciso a avaliação do bem por três peritos ou empresa especializada, nomeados pelos sócios. Eles deverão apresentar laudo fundamentado, com a indicação dos critérios de avaliação e dos elementos de comparação adotados e instruídos com os documentos relativos aos bens avaliados.

Os laudos deverão ser aceitos pelos sócios, entre eles o próprio subscritor do capital. O bem aprovado deverá ser registrado no órgão competente, como o Cartório de Circunscrição Imobiliária se for um imóvel. Cumpridas essas formalidades, o bem será incorporado ao patrimônio da sociedade, recebendo o sócio que o ofereceu, como pagamento, uma quota do capital, equivalente ao valor do bem. Se todos os sócios aceitarem o valor orçado pela proposta do sócio, poderá ser dispensada a avaliação, mas essa concordância unânime não tem efeito *erga omnes*, podendo futuramente um credor interessado contestar a transferência, no caso de um crédito inadimplido. É, pois, conveniente adotar a avaliação, independentemente da aceitação unânime dos sócios.

A lei não especifica quais são os bens suscetíveis de avaliação em dinheiro, que possam constituir-se como meio de pagamento da quota do capital social, entendendo-se que seja qualquer um: poderá ser um imóvel, móveis, máquinas, veículos; ou, então, títulos de crédito, como duplicatas, *warrants*, letras de câmbio, notas promissórias; ou valores intelectuais, como marcas de produtos, patentes. O que a lei veda é a prestação de serviços para a sociedade limitada ou expectativa de lucros futuros.

A integralização em dinheiro é a forma mais comum, por ser simples, tranquila e rápida. Se for em bens móveis, a integralização se opera por simples tradição, saindo do patrimônio do sócio para o da sociedade. Se for bem imóvel, o instrumento de transferência é o próprio contrato, devendo constar todas as especificações, como área, descrição e identificação, dados relativos à titulação, bem como o número da matrícula no registro imobiliário. É preciso, ainda, outorga uxória ou marital, quando necessária.

Se forem veículos automotores, é necessário o registro no Detran e a emissão de novo certificado. Se for um título de crédito, a transmissão se opera por endosso. Fica, todavia, o sócio endossante responsável pelo pagamento do título; se ele não for pago, o sócio torna-se remisso, devendo pagar imediatamente o valor subscrito. Se for título de propriedade industrial, como patente de invenção ou certificado de marca, deverá ser endossado e a transferência registrada no órgão próprio, o INPI – Instituto Nacional de Propriedade Industrial.

Por derradeiro, o capital determina o poder político na sociedade. Como hipótese, podemos apontar uma sociedade limitada, com capital de R$ 100.000,00, dividido entre três sócios. Ulpiano tem uma quota de R$ 70.000,00, Modestino e Gaio a quota de R$ 15.000,00, cada um. É evidente que Ulpiano tem vontade preponderante nas decisões.

O capital é considerado sob dois aspectos, havendo então dois tipos: subscrito e realizado. O capital subscrito é o capital prometido, compromissado pelo sócio e consta do contrato social. Ao celebrar o contrato social, cada sócio se compromete a conferir um valor em dinheiro ou bens suscetíveis de transformação em dinheiro, para formar o capital. Entretanto, ainda não foi conferido; existe apenas a promessa da conferência. A sociedade conta com a obrigação do sócio em lhe entregar um valor em dinheiro, obrigação que poderá ser cobrada em juízo.

O capital realizado é o subscrito, mas já pago, ou seja, o sócio se comprometeu a conferir o dinheiro e já o conferiu, integralizando-o no capital. A sociedade já conta com o dinheiro que foi transferido do sócio para ela. O pagamento da parcela do capital, subscrito pelo sócio, recebe o nome de integralização. Ocorre a subscrição tanto no ato constitutivo inicial, como nos aumentos do capital; é um ato preliminar, em que o sócio manifesta sua vontade em compor o quadro social, indicando o valor da quota que pretende integralizar. A forma de integralização, isto é, de pagamento, está descrita no contrato social, podendo ser a vista ou a prazo, ou em outros bens.

3.2. Divisão do capital em quotas

O capital da sociedade limitada é dividido em duas ou mais parcelas, que recebem o nome de quotas. A quota é uma porção do capital, pertencente a um sócio, podendo caber a ele uma ou mais quotas. Não se sabe de nenhuma sociedade limitada que tenha diversas quotas pertencentes a um sócio só. Pode acontecer que numa sociedade em que haja diversos sócios, um deles adquira a quota de outro, ficando então com duas. As duas podem, então, se fundir em uma, o que normalmente acontece. Portanto, o capital social não forma um todo unitário, mas é dividido em parcelas ou partes, devendo haver tantas quotas quanto for o número de sócios; o que não pode haver é capital com uma quota apenas.

É interessante notar que essa palavra é gravada como quotas ou cotas; é uma palavra sincrética, vale dizer, grafada de formas diferentes, tais como são loiro e louro, covarde e cobarde, taverna e taberna.

3.3. Das quotas sociais

Pelo que foi demonstrado, a sociedade limitada deve ter, no mínimo, dois sócios, e, portanto, haverá no mínimo duas quotas. Diz o art. 1.055 do Código Civil que o capital divide-se em quotas iguais ou desiguais, cabendo uma ou diversas a cada sócio; não existe sócio sem quota, podendo, entretanto, um sócio ter mais de uma quota. Desconhece-se alguma sociedade em que um sócio tenha mais de uma quota, mas é bem clara a disposição do art. 1.055, dizendo que um sócio pode ter várias quotas. Não há vantagens ou desvantagens em possuir várias quotas, pois o poder político ou a responsabilidade do sócio está no valor da quota e não no número delas. Destarte, se um sócio tem uma quota de R$ 5.000,00 ou duas de $ 2.500,00, sua responsabilidade é a mesma e seu poder de decisão é o mesmo.

Há momentos em que se torna necessário a existência de duas quotas, como por exemplo, se um sócio vende sua quota a outro sócio; o comprador fica realmente com duas, mas, logo em seguida, uma será incorporada a outra, formando uma só. Entretanto, a lei não proíbe a individualidade da quota ou a pluralidade, podendo o sócio ficar com uma, duas ou mais quotas.

A quota representa o montante de dinheiro com que o sócio contribui para a formação do capital social. Se não há sócio sem quota é porque todo sócio tem que dar sua contribuição para formar o capital, nem que seja com R$ 0,05. Esse valor deve ser especificado no contrato social, que indicará o valor do capital e de cada quota. Ela tem valor mínimo, mas não máximo, ficando a cargo do contrato dizer quanto cabe a cada um. O que a lei veda é a contribuição do sócio com a prestação de serviços, como acontece com a sociedade simples. Não impede, porém, que haja uma simulação: o sócio contribui com serviços e recebe dos demais uma quota como se a tivesse pago. O que não pode haver ainda é a quota sem valor nominal.

Não é necessário que as quotas tenham igual valor, podendo ser desiguais e, às vezes, bem desiguais, como, por exemplo, numa sociedade com capital de R$ 100.000,00, em que um sócio tenha quota de R$ 99.500,00 e o outro de 500,00. É praticamente uma sociedade fictícia, mas pode acontecer de ter peso nas decisões. Ficou conhecida uma grande empresa de comunicação de massa, em que havia três sócios, como na hipótese abaixo:

Ulpiano 49.500,00
Modestino 49.500,00
Papiniano 1.000,00
Total 100.000,00

Embora Papiniano tivesse participação quase fictícia no capital, era ele que dava as cartas se houvesse opinião divergente entre os sócios majoritários.

É possível que a contribuição do sócio para a formação da quota seja fictícia, como por exemplo: Gaio e Paulo constituem uma sociedade limitada, com capital de R$ 100.000,00. Quem garante que houve mesmo a contribuição desse valor? Teria que aparecer, naturalmente, no primeiro balanço da empresa, mas há inúmeras fórmulas de camuflar o balanço. Somos de opinião de que, para maior realismo, fosse aplicada obrigatoriamente a LSA, obrigando a sociedade que se constituir a depositar em um banco o valor do capital; após a liberação do contrato social pela Junta Comercial, com a certidão de registro, a sociedade levantaria esse depósito e o incorporaria ao seu patrimônio.

3.4. Efeitos da quota

A quota produz diversos efeitos, pois sua finalidade atinge muitos objetivos. Uma de suas funções é a de limitar a responsabilidade dos sócios pelas dívidas sociais. Se a sociedade não pagar suas dívidas, o sócio deve pagá-las, mas apenas até o valor de sua quota; por isso é que esse tipo de sociedade se chama "limitada". O que é limitada é a responsabilidade do sócio e não da sociedade.

Outro efeito da quota é a de dar maior garantia a terceiros, mormente aos credores da sociedade. O valor conferido pelo sócio para a integralização da sua quota fica vinculado aos direitos dos credores, como se fosse um penhor, isto é, a quota fica apenhada para pagamento das dívidas da sociedade, caso ela não pague. Por essa razão, um credor, como é o caso de um banco, ao conceder crédito a uma empresa, procura averiguar o valor do capital da empresa e o valor da quota de cada sócio.

Se a quota atribui obrigações ao sócio, confere a ele direitos. Um desses direitos é o de participar dos lucros sociais, na proporção de suas quotas. Confere também direitos políticos, estabelecendo um peso no poder de decisão. Cada sócio tem voto proporcional à sua quota; quanto maior a quota, maior é o poder de voto.

A quota não tem como efeito a emissão de títulos, como as ações; sua transferência não se opera por endosso, mas por instrumento de alteração contratual, a ser registrado na Junta Comercial. A cessão, portanto, não tem natureza cambiária, mas contratual; é um contrato que modifica outro, o qual deve ser averbado no registro da sociedade em seu órgão público competente.

Havendo integralização da quota com bens diversos do dinheiro, pela exata estimação dos bens conferidos ao capital social respondem solidariamente todos os sócios, até o prazo de cinco anos da data do registro da sociedade. E outro efeito da quota: o de vincular o sócio que integralizou o capital com bens, e todos os demais sócios, à responsabilidade pelo valor dado a esses bens.

3.5. Da penhora das quotas

Problema bem controvertido tem sido o da penhorabilidade da quota social, em vista das dívidas particulares de um sócio. As dúvidas já existiam antes do Código Civil de 2002 e parece que continuam após o Código, formando-se a este respeito várias teorias. Vamos expor diversas opiniões, mas, desde já, apresentamos a teoria da penhorabilidade da quota, pois é um bem integrante do patrimônio do sócio. Por princípio de ordem pública, o patrimônio do devedor é a garantia de seus credores, e o devedor responde por suas obrigações com todos os seus bens presentes e futuros.

Existem realmente bens impenhoráveis, apontados art. 649 do Código de Processo Civil em dez incisos; todavia, não há entre esses dez incisos a quota de um sócio, o que significa que a quota não é bem impenhorável. Além disso, o art. 650 do CPC diz que podem ser penhorados, à falta de outros bens, os frutos e rendimentos dos bens inalienáveis. Assim sendo, ainda que a quota fosse inalienável, os lucros que proporcionar poderiam ser penhorados; fica demonstrado que a quota não é tão incólume à execução.

Digamos que um devedor liquide os bens de seu patrimônio, invertendo os resultados dessa liquidação em quotas de uma sociedade limitada. Levanta vários empréstimos e contrai obrigações diversas, e, com os valores apurados, subscreve quotas sociais. Se os credores forem executar seus direitos creditórios, encontrarão seu devedor desprovido de bens, frustrando a execução. Anos depois, o devedor inadimplente liquida as quotas das sociedades das quais se tornara sócio, saindo incólume do golpe. Perpetrou-se, destarte, a fraude contra credores, ao arrepio da lei, graças à pretensa impenhorabilidade das quotas sociais. Atenta, então, contra princípios de ordem pública, acobertando a malandragem contra os que confiaram no malandro.

Além disso, diz o art. 650 do CPC que são impenhoráveis os bens inalienáveis e a quota é alienável, isto é, pode ser cedida a outrem, pode ser liquidada. O art. 1.057 diz que o sócio pode ceder sua quota, total ou parcialmente, a quem for sócio ou a estranho. Alienar (do latim *alienare*) é tornar de outrem o que é nosso: é isso que faz o sócio ao ceder sua quota. Se a quota não é bem inalienável não é impenhorável.

Todavia, há outros fatores a serem considerados. Admitindo-se a penhora da quota, o exequente poderá pedir sua venda em leilão. Como ficará a situação do arrematante, isto é, de quem adquirir a quota e tornar-se seu titular? As dívidas da empresa pesarão sobre essa quota? Em nossa opinião, o novo dono da quota herdará os direitos e obrigações proporcionadas por ela. Nessas condições, a penhora da quota poderá se constituir num cavalo de Troia.

Há ainda outro fator a ser considerado. Quem adquire a quota penhorada, herdará todos os direitos integrados nela, como os de um sócio ou administrador? Neste caso, esses direitos irão se chocar com outros que lhe são superiores, por estarem regulamentados na área do Direito Societário. Para ser sócio, necessário se torna a aprovação dos demais sócios e o novo titular da quota teria de contar com a anuência deles. Mais difícil ainda será tornar-se administrador da sociedade, que é um cargo de confiança, e a confiança que os sócios creditam ao sócio-executado não se transmite automaticamente ao exequente. Por outro lado, o princípio da *affectio societatis* é sagrado para a saúde da empresa e a lei não deve arreá-lo. O credor que se apossar judicialmente da quota poderá ser recebido com o olhar atravessado. Vemos então que a penhora da quota pode ser juridicamente viável, mas socialmente inócua. Portanto, ante a inconveniência de alguém entrar numa sociedade pela porta dos fundos, soluções mais fáceis podem surgir: a própria sociedade pode adquirir essa quota, o resultado do arremate pagará o débito de seu titular, ficando o credor de lado. Poderá, ainda, um dos sócios adquirir a quota, solucionando satisfatoriamente a questão.

O sócio novo, isto é, o que ingressa na sociedade, sob qualquer forma, inclusive se arrematá-la em leilão, compromete-se automaticamente com todas as dívidas, anteriores ao seu ingresso, ou posteriores, embora ela não tenha dado causa a essas dívidas. Digamos ainda que a quota arrematada tenha sido só subscrita, mas não integralizada, vale dizer, que não foi paga; o arrematante terá de pagá-la. Se o arrematante da quota tornou-se dono dela, adquiriu um novo patrimônio, com seus direitos inerentes, como a participação nos lucros, tomar parte nas deliberações e outros. Na contrapartida, surgirão obrigações que tendem a suplantar os direitos.

Ainda não analisamos cláusulas contratuais sobre esse problema, mas o contrato poderá dispor sobre a penhorabilidade da quota. Se o contrato social admitir a penhora, a vontade dos sócios deve ser respeitada. Se assim ficou estabelecido, é porque os sócios quiseram inspirar confiança à coletividade, que, contando com essa garantia, facilitou crédito aos sócios. Se, entretanto, o contrato social vedar a penhora, em nosso parecer, não ficará inibida a execução, porquanto uma convenção entre partes privadas não pode derrogar uma lei de ordem pública:

Jus publicum privatorum pactis derrogare non potest.

3.6. Indivisibilidade das quotas

Diz o art. 1.056 que a quota é indivisível em relação à sociedade, salvo para efeito de transferência. Ao nosso ver, essa disposição deveria ser mais bem esmiuçada pela lei, pois, assim como está, exige exame mais profundo quando for aplicada. Entendemos que não pode ser fracionada, dividida em outras partes, por ser a menor fração em que o capital possa ser dividido; é como um átomo. É possível que tenha diversos titulares dos direitos que ela confere, mas mesmo assim, não pode ser dividida em vários quinhões, por ser um quinhão único. Destarte, só um dos seus titulares poderá representar a quota perante a sociedade. Ela forma um condomínio.

Como se sabe, o condomínio (com + domínio) é uma propriedade pertencente a vários donos, que têm direito simultâneos sobre o mesmo objeto; é portanto uma propriedade em comum, *pro indiviso*, pertencente a várias pessoas. No caso de condomínio de quotas, os direitos a ele inerentes somente podem ser exercidos pelo condômino representante, ou pelo inventariante do espólio do sócio falecido. Digamos que Modestino venha a falecer, deixando a quota de uma sociedade a dois filhos seus, Paulo e Gaio. Os dois irmãos herdam a quota como um todo e são donos dela de forma simultânea. Só um deles representará a quota perante a sociedade, dependendo de quem for o inventariante.

4. DA CESSÃO DAS QUOTAS

Uma das importantes características da quota é a sua cessibilidade; é uma das características que dá dinamismo à quota, não deixando que fique estática, engessada, de tal forma que amarre a autonomia da vontade do sócio que a detém e dos demais sócios. Sendo ela patrimônio do sócio, ele exerce o direito de propriedade, *jus utendi, fruendi et abutendi* = direito de usar, gozar e dispor. Pode, portanto, dispor da quota, como lhe aprouver: vendê-la, doá-la, deixá-la em testamento, enfim, cedê-la a outrem, seja a outro sócio ou a terceiros.

A cessão da quota é esse ato de disposição; é a sua transferência para a titularidade de outrem. É geralmente a venda da quota, embora nem sempre seja venda, como no ato de transmissão *inter vivos* ou *causa mortis*. Estamos cogitando da cessão da quota de forma livre, sem considerar as possíveis disposições contratuais. O contrato social pode estabelecer algumas condições ou restrições à cessão, como, por exemplo, proibir a cessão da quota a quem não for sócio, ou o direito exclusivo dos sócios a ficar com a quota de outro sócio, que não a queira mais. O que o contrato não pode é proibir o sócio de ceder sua quota, pois seria impor a obrigação de permanecer como sócio contra sua vontade.

Na omissão do contrato, o sócio pode ceder sua quota, total ou parcialmente, a quem seja sócio, independentemente de anuência dos outros, ou a estranho, se não houver oposição de mais de 1/4 do capital social. Interessante é notar que a cessão da quota pode ser total ou parcial, embora seja indivisível. Contudo, o próprio art. 1.056, que declara a indivisibilidade da quota, abre a exceção na transferência, dizendo textualmente: *a quota é indivisível em relação à sociedade, salvo para efeito de transferência.* Neste caso, duas situações se oferecem. Se houver transferência total da quota, o sócio deixa de ser sócio, mas se houver transferência parcial, o sócio permanece no quadro societário, tendo sua quota reduzida.

A menos que o contrato social disponha de forma diferente, a transferência pode ser feita aos demais sócios ou a um terceiro, que deverá entrar para a sociedade. Duas situações se oferecem então neste caso:

1. Se a quota for transferida a quem já for sócio, não haveria necessidade da aprovação dos demais sócios. Digamos que a sociedade tenha três sócios: Ulpiano, Modestino e Papiniano, cada um com sua quota de R$ 30.000,00. Se Ulpiano transferir sua quota a Modestino, ele ficará com duas quotas, totalizando R$ 60.000,00 e Papiniano ficará sócio minoritário, com R$ 30.000,00. Ao adquirir a quota de Ulpiano, Modestino tacitamente aprovou a transferência, mas Papiniano não é legalmente chamado a opinar sobre essa mudança societária. Em nossa opinião, Papiniano poderá pedir sua retirada da sociedade, porquanto estava em situação paritária com os demais sócios e transformou-se em sócio minoritário.

2. Se Ulpiano for transferir sua quota a alguém que não for sócio, a situação se torna um tanto complexa. Há necessidade da aprovação dos demais sócios, que detenham no mínimo 1/4 do capital, ou seja, 25%. No caso *ut supra* Papiniano terá 33,33% do capital, e, se ele não aprovar, a cessão será vedada.

A transferência da quota se dá geralmente por instrumento de natureza contratual, visto que, forçosamente, implicará a modificação do contrato social e averbado no registro da sociedade na Junta Comercial. O regime anterior, estabelecido pela Lei 3.709/19, não previa a possibilidade da cessão a não ser por aprovação unânime dos sócios. Todavia, nosso Código Civil não seguiu esse costume jurídico, embora exigindo aprovação parcial, mas de 1/4 do capital social, ou seja, contra o desejo só de uma minoria de 25%. Em nosso parecer, essa liberalidade coloca em xeque a *affectio societatis*. Em todo caso, o contato social poderá dispor em contrário; se nele estiver cláusula proibindo a transferência de quota a estranho sem aprovação unânime dos consócios, não pode ser aplicada a liberalidade concedida pela lei.

É interessante notar que essa disposição não se aplica à sociedade simples. Acreditamos que foi interpretada, na elaboração do Código, como sociedade típica de pessoas, de manifesto *intuitu personae*. Em muitas delas o trabalho individual do sócio é de primordial relevo nas atividades empresariais. A sociedade limitada é também sociedade de pessoas, mas o *intuitu personae* não é tão radical e os sócios são mais administradores do que técnicos; eles ocupam normalmente posição de *staff*, ou seja, de assessores, e não posição de linha de frente.

A cessão da quota produz efeitos em duas fases. Ao ser celebrado o contrato de cessão, os efeitos são imediatos no que tange ao relacionamento entre os sócios e entre eles e a sociedade limitada. Todavia, a cessão não produz efeitos *erga omnes*, vale dizer, perante terceiros; para tanto, será necessária a averbação do instrumento da cessão na Junta Comercial, e só então novo sócio poderá agir em nome da sociedade ante a coletividade. Por exemplo: Ulpiano entra como sócio graças ao contrato de cessão da quota de outro sócio; ele poderá exercer seus direitos perante os outros sócios e perante a sociedade. Contudo, ele quer assinar um cheque a ser apresentado no banco para pagamento, esse cheque não será pago, mesmo que seja o contrato de cessão entregue ao banco. Esse banco é um terceiro e, perante ele, Ulpiano não é ainda sócio; só exercerá seus poderes a partir do momento em que for entregue a certidão da Junta Comercial, declarando que o instrumento de alteração contratual está averbado naquele órgão.

A transferência da quota se faz por instrumento de cessão, por escrito, de natureza contratual, a ser averbada no registro da sociedade na Junta Comercial. Quem cede a quota é chamado de *cedente* e quem a recebe é o *cessionário*. Mais esclarecedor do que as explicações será apresentar modelo de contato de cessão, que vai logo a seguir.

CONTRATO DE CESSÃO DE QUOTAS DE SOCIEDADE LIMITADA

PARTES:

Cedente:

MARIO TELLES CORREA, brasileiro, casado, administrador, portador da cédula de identidade RG. 1.365.419 e CPF. 072.896.915-85, residente e domiciliado na Rua Waldemar Ferreira, 630 – CEP. 05015-000, na cidade de São Paulo-SP.

Cessionário:

MODESTINO DE OSTIA, brasileiro, casado, administrador, portador da cédula de identidade 1.234.405 e CPF. 075.978.838-95, residente e domiciliado na Rua Padre Chico, 428 – CEP. 04015-010, na cidade de São Paulo-SP.

As partes acima qualificadas têm, entre si, justo e contratado o presente CONTRATO DE CESSÃO DE QUOTA DE SOCIE-DADE LIMITADA, que se regerá pelas cláusulas seguintes e pelas condições descritas abaixo.

OBJETO:

Este contrato tem como objeto a transferência da quota social da sociedade limitada INDÚSTRIA DE MALHAS CENTENÁRIO LTDA., totalmente integralizada, localizada em São Paulo-SP, na Rua Pontes de Miranda, 55, inscrita na Junta Comercial do Estado de São Paulo sob o número 5.635, no C.N.P.J. sob o número 598.624, perfazendo um total de R$ 10.000,00, com pagamento neste ato.

ALTERAÇÃO DO CONTRATO SOCIAL:

O cessionário será encarregado de averbar esta alteração contratual no registro da sociedade na Junta Comercial, no prazo de trinta dias, de acordo com a lei, para que o presente instrumento possa valer perante terceiros.

RESCISÃO:

O presente contrato poderá ser rescindido no caso uma das partes deixar de cumprir as cláusulas contratuais, responsabilizando-se a que lhe deu causa por perdas e danos que a outra parte venha a sofrer.

SITUAÇÃO ECONÔMICA DA EMPRESA:

O cessionário declara-se ciente da situação econômica da empresa, expressa no balanço levantado nesta data e assinado pelos sócios e pelo contador, não podendo se eximir de cumprir o contrato, alegando ignorância de suas cláusulas.

FORO COMPETENTE:

As partes elegem como foro competente para possíveis interpretações e execução deste contrato a comarca de São Paulo-SP.

CLÁUSULA COMPROMISSÓRIA:

FICA CONVENCIONADO QUE EVENTUAIS DIVERGÊNCIAS QUANTO A INTERPRETAÇÃO E EXECUÇÃO DESTE CONTRATO SERÃO DIRIMIDAS POR MEIO DA ARBITRAGEM E DA MEDIAÇÃO, NOS TERMOS DA LEI 9.307/96, ELEGENDO-SE COMO TRIBUNAL ENCARREGADO DE JULGAR QUALQUER LITÍGIO ENTRE AS PARTES A ARBITRAGIO – CÂMARA DE MEDIAÇÃO E ARBITRAGEM EM RELAÇÕES NEGOCIAIS.

E por estar assim justo e contratado o presente contrato, as partes o assinam em quatro vias, sendo uma para o arquivo da sociedade, outra para a Junta Comercial, outra para o cedente e outra para o cessionário, na presença de duas testemunhas abaixo assinadas.

São Paulo, 2 de maio de 2009.

CEDENTE:

_____

CESSIONÁRIO:

_____

TESTEMUNHAS:

_____

Jarbas de Andrade Mello – RG. 1.345.322 –
Rua Carvalho de Mendonça, 53 – São Paulo.

_____

Manuel Alves de Araújo – RG. 844.864 –
Rua Sylvio Marcondes, 45 – São Paulo.

5. CONTRATO SOCIAL

5.1. Um modelo de contrato
5.2. Contrato-padrão
5.3. Análise das cláusulas contratuais

5.1. Um modelo de contrato

Para melhor elucidação e compreensão, vamos apresentar em seguida um modelo de contrato social, elaborado de acordo com as exigências legais e disposições costumeiras. Modelos semelhantes são vendidos em papelarias e basta preencher os claros. Todavia, tomar modelos não é prática salutar. Cada empresa, cada sociedade, tem estilo próprio, uma filosofia de ação. Os sócios são seres humanos e, assim sendo, a sociedade tem aspectos sentimentais; abriga sonhos e ambições pessoais de cada um dos sócios. Esse contrato de papelaria, ou mesmo o contrato de outra empresa, pode ser tomado como modelo para a elaboração de novo contrato, mas com a discussão das cláusulas pelos sócios.

Afora certas cláusulas legalmente obrigatórias, como as que estão expostas no modelo dado, os sócios poderão inserir muitas outras, facultativas, que representam seus desejos, dando à sociedade um caráter personalista, tanto que a sociedade limitada é considerada sociedade de pessoas. Por essas razões, ao se elaborar um contrato social, os sócios devem ser bem esclarecidos sobre cada cláusula e devem discuti-las entre si. É preferível encarregar advogado especializado para a elaboração do contrato social, evitando-se os formulários de papelaria ou o serviço de contador ou despachante. O advogado debaterá as cláusulas com os sócios, ficando todos esclarecidos quanto ao ato praticado, sem haver depois motivos para queixas, nem o sócio sentir-se logrado.

5.2. Contrato-padrão

CONTRATO SOCIAL DE SOCIEDADE LIMITADA

1. PARTES CONTRATANTES:

JARBAS DE MELO ALVES, brasileiro, casado, administrador, portador da cédula de identidade RG. 1.622.423 e CPF. 062.932.724-92, residente e domiciliado na Rua Ájax, 230 – CEP. 05030-020 – São Paulo-SP.

DOUGLAS GONÇALVES PIRES, brasileiro, casado, administrador, portador da cédula de identidade RG. 1.425.644 e CPF. 063.934.748-78, residente e domiciliado na Rua Laguna, 127, CEP. 03040-030, São Paulo-SP.

BRUNO DE FREITAS FORTES, brasileiro, solteiro, vendedor, portador da cédula de identidade RG. 984.876 e CPF. 078.987.697-72, residente e domiciliado na Rua Cotovia, 278, CEP. 02056-030, São Paulo-SP.

2. As três partes acima qualificadas resolvem, por este instrumento particular de contrato social, constituir uma SOCIEDADE LIMITADA, nos termos do Código Civil, artigos 1.052 a 1.086, que se regerá pelas cláusulas abaixo descritas.

3. Esta sociedade limitada girará sob o nome de INDUSTRIAL AQUARELA LTDA., com sede e domicílio na Rua Aspásia, 830 – CEP. 03050-010, na cidade de São Paulo-SP.

4. O capital social será de R$ 300.000,00, dividido em três quotas de R$ 100,00 cada, pertencentes respectivamente aos sócios:
Jarbas de Melo Alves . . . . R$ 100,000,00
Douglas Gonçalves Pires . . . . . . R$ 100.000,00
Bruno de Freitas Fortes . . . . R$ 100,000,00

5. O objeto social será a exploração da indústria de calçados masculinos e femininos e sua distribuição ao mercado consumidor.

6. Esta sociedade inicia suas atividades no momento em que lhe for concedida a certidão de seu registro na Junta Comercial e será indeterminado seu prazo de duração.

7. A responsabilidade de cada sócio é limitada ao valor de sua quota.

8. Os sócios respondem solidariamente pela integralização de sua quota no contrato social.

9. As quotas não poderão ser cedidas a terceiros sem aprovação de todos os sócios existentes no momento da cessão.

10. Serão administradores da sociedade os sócios: Jarbas de Melo Alves e Douglas Gonçalves Pires.

11. Os administradores podem exercer todos os poderes e atribuições na gerência da sociedade, podendo abrir e movimentar contas em bancos, assinar cheques, assinar contratos, sacar duplicatas, adquirir matérias-primas, vender os produtos da empresa, contratar pessoal e demais atos de gestão empresarial. Não podem, entretanto, praticar atos estranhos ao objeto social da sociedade, nem exceder os poderes outorgados.

12. O exercício social será de 1 de janeiro a 31 de dezembro, quando então os administradores prestarão contas de sua administração e levantarão o balanço patrimonial e a demonstração de lucros e perdas.

13. Os sócios-administradores poderão perceber a título de pró-labore a remuneração mensal correspondente a dez salários-mínimos.

14. Os administradores declaram, sob as penas da lei, que não estão impedidos de exercer a administração da sociedade, por lei especial, ou em virtude de condenação criminal, ou por se encontrarem sob os efeitos dela, a pena que vede, ainda que temporariamente, o acesso a cargos públicos; ou por crime falimentar, de prevaricação, peita ou suborno, concussão, peculato, ou contra a economia popular, contra o sistema financeiro, contra normas de defesa da concorrência, contra as relações de consumo, fé pública, ou a propriedade.

15. Se houver ausência de sócio em virtude de falecimento, interdição ou outra causa determinada pela lei ou fatores imprevistos, a sociedade não se extinguirá, e sua quota passará aos seus sucessores, que serão representados pelo inventariante até a partilha. Poderão, entretanto, os demais sócios decidir pela divisão da quota entre eles, devendo levantar o balanço da sociedade, apurando os haveres da quota, que serão entregues aos sucessores.

16. OS SÓCIOS ELEGEM O FORO DA CAPITAL DO ESTADO DE SÃO PAULO PARA DIRIMIR PROBLEMAS E DIVERGÊNCIAS DECORRENTES DESTE CONTRATO, DEVENDO SER RESOLVIDAS AS PENDÊNCIAS POR MEIO DA MEDIAÇÃO E DA ARBITRAGEM, NOS TERMOS DA LEI 3.709/96. FICA ESCOLHIDO COMO TRIBUNAL COMPETENTE PARA DIRIMIR ESSAS DIVERGÊNCIAS, PROBLEMAS E PENDÊNCIAS A **ARBITRAGIO – CÂMARA DE MEDIAÇÃO E ARBITRAGEM EM RELAÇÕES NEGOCIAIS.**

17. Os sócios participarão dos lucros sociais na proporção de suas quotas.

E, por estarem assim justos e contratados, assinam o presente instrumento de contrato social de constituição de sociedade limitada.

São Paulo, 18 de maio de 2009

_____

JARBAS DE MELO ALVES

_____

DOUGLAS GONÇALVES PIRES

_____

BRUNO DE FREITAS PONTES

Testemunhas:

1 _____

    Mario de Assis Moura – RG. 1.822.330
    Rua Jaman, 39 – CEP. 03040-030 – SP

2 _____

    Dílson Mendonça – RG. 894.786
    Rua Mialulas, 340 – SP

Visto: _____

    Sebastião José Roque – OAB/SP. 60.757

5.3. Análise das cláusulas contratuais

Título do documento: O nome do documento indica sua natureza e deve constar como sendo *contrato social de sociedade limitada*. Art. 997-*caput*.

1. Partes contratantes: Deve ser feita a completa qualificação de todos os sócios, desses que estão celebrando o contrato inicial, com nome, nacionalidade, estado civil, profissão, residência e domicílio dos sócios, documentos de identificação, se forem pessoas naturais. Se os sócios forem pessoas jurídicas, deve constar a qualificação delas. Art. 997-I.
   Há diferença entre residência e domicílio; residência é uma relação de fato e domicílio uma relação de direito. O domicílio

é o local em que a pessoa natural ou jurídica responde por suas obrigações e exerce seus direitos. Por isso devem ser indicados os dois: residência ou sede e domicílio. (Art. 997-II.)

É conveniente observar que os dois primeiros sócios indicam sua profissão como *administrador*. Não pode ser administrador de empresas, pois essa profissão é privativa de quem tiver cursado o curso superior de administração de empresas. Também não podem ser indicados como empresários, porque essa função é exercida pelo empresário individual, profissão regulamentada pelos artigos 966 a 980 do Código Civil.

O terceiro sócio não pode ser administrador, pois não está nomeado no contrato; deverá indicar a função ou profissão que estiver exercendo, neste caso, como vendedor.

2. Nessa cláusula consta a intenção e resolução dos sócios.

3. Esta cláusula traz o nome da empresa, que poderá ser denominação ou firma. É muito rara a adoção de firma pelas sociedades limitadas, mas a lei não impede sua adoção. Consta ainda a sede e domicílio.

4. Capital social: deve ser expresso em moeda corrente, podendo compreender qualquer espécie de bens, suscetíveis de avaliação pecuniária. Deve ser apontada a divisão do capital em quotas e o dono de cada quota. (Art. 997-III)

5. Objeto social: deve ser indicado de forma bem pormenorizada. Não basta dizer "indústria", mas o tipo de indústria: metalúrgica, alimentícia, mecânica, química, têxtil. Neste caso é indústria de calçados masculinos e femininos.

6. Deve ficar declarado o início das atividades e o prazo de duração da sociedade. Se for por tempo indeterminado deve ficar esclarecido. Ressaltamos que não pode ser por *prazo indeterminado*, pois se há prazo só pode ser determinado. A expressão correta deve ser *por tempo indeterminado*.

7. Pareceria escusado dizer se os sócios respondem ou não, subsidiariamente, pelas obrigações sociais, pois este é um princípio básico da sociedade limitada. Apesar disso, o art. 997-VIII assim exige e, por segurança, é conveniente ressaltar bem esse aspecto: *quod abundat non nocet.*

8. Deve ficar estabelecido que os sócios respondem solidariamente pela integralização do capital social. Integralizado o capital, isto é, paga a contribuição a que o sócio se comprometeu, aí fica limitada a responsabilidade do sócio.

9. A cessibilidade livre das quotas é um ponto bem delicado e necessita ser bem esclarecido. É de livre estipulação pelos sócios: se a quota pode ser cedida a terceiros ou fica restrita à venda aos próprios sócios e em quais condições.

10. Somente pessoas naturais podem ser nomeadas administradores. É possível que uma sociedade tenha como sócia uma ou mais pessoas jurídicas; neste caso, a pessoa jurídica deverá indicar uma pessoa natural para ser administrador.

11. Nesse item estão descritos os poderes outorgados aos administradores, de maneira ampla, de tal forma que todos os atos que eles praticarem estarão compreendidos neles. Deve ficar bem delimitado o campo de ação deles, para que a teoria da *ultra vires societatis* seja aplicada. (Art. 997-VI)

12. O exercício social é o período não superior a um ano em que a sociedade desenvolve suas atividades e tem que elaborar o balanço contábil e submetê-lo à apreciação dos sócios. Normalmente, esse período é de 1 de janeiro a 31 de dezembro, mas não obrigatoriamente; o contrato social deve estabelecer a data do vencimento, que poderá ser qualquer dia do ano, de acordo com a conveniência da sociedade.

13. O pró-labore é a remuneração do administrador, ou seja, do sócio que, além de inverter dinheiro no capital, dedica seu tempo ao serviço da empresa. O recebimento do pró-labore não afeta o direito do sócio à percepção dos lucros. O pró-labore pode ser um fixo ou uma porcentagem nos lucros.

14. De acordo com o art. 1.011-parágrafo 1º, não podem ser administradores, além de pessoas impedidas por lei especial, como um juiz, ou condenadas por outros crimes previstos nesse artigo. Os administradores devem declarar que não estão compreendidos nessas proibições, sob pena de falsa declaração.

15. Esta cláusula contém um ponto nevrálgico da sociedade, porquanto poderia causar sua dissolução. Precisa ficar bem redigida, para não proporcionar dúvidas sobre a situação da sociedade no caso de morte ou ausência forçada de um sócio.

16. É a cláusula de eleição de foro, que sempre deve constar, embora a eleição de foro sofra muitas restrições pelas normas processuais. O que depende da autonomia de vontade dos sócios, porém, é a escolha da forma de solução de possíveis litígios. Neste compêndio fazemos ampla explanação sobre a arbitragem, método sensato, lógico e prático de solução de litígios.

17. Testemunhas: como em todo contrato, o contrato social deve contar com a assinatura de duas ou mais testemunhas, identificadas e com endereço.

18. Visto do advogado: o contrato social precisa contar com o visto de advogado, apontando-se o número da OAB.

6. DAS OBRIGAÇÕES E DIREITOS DOS SÓCIOS

6.1. A criação dos direitos e obrigações

6.2. Obrigações do sócio

    6.2.1. Contribuição social

    6.2.2. Transferência de quota

6.3. Direitos do sócio

    6.3.1. Participação nos lucros

    6.3.2. Direito de recesso

    6.3.3. Participação na administração da sociedade

    6.3.4. Participação nas deliberações

    6.3.5. Fiscalização da administração

    6.3.6. Exigências aos demais sócios

6.1. A criação dos direitos e obrigações

O contrato é o acordo entre duas ou mais partes, criando para elas obrigações e direitos recíprocos, ou seja, cada celebrante do contato assume obrigações perante os demais e, ao mesmo tempo, adquire direitos ante eles. O contrato de sociedade não é diferente dos demais contratos; o sócio, ao assiná-lo, assume obrigações para com os demais contratantes, que lhe acarretarão responsabilidades. Por seu turno, adquire direitos que corresponderão a obrigações por parte dos demais sócios.

As obrigações dos sócios começam imediatamente com o contrato, se ele não fixar outra data, e terminam quando, liquidada a sociedade, extinguirem-se as responsabilidades sociais. Ao ser assinado, o contrato produz efeito imediato para quem o assina, a menos que fique estabelecido o dia em que ele possa vigorar. Digamos outra vez que *o contrato faz lei entre as partes*, e, por enquanto, produz efeitos entre os celebrantes, isto é, os sócios. O término das obrigações, contudo, não é tão fácil de ser estabelecido. Terminam, em princípio com a liquidação da sociedade. Essa liquidação, todavia, processa-se de várias maneiras e deve ser analisada em cada caso. A liquidação dessa sociedade está regulada pelo código e sobre ela falaremos adiante.

O nosso código não regulamenta o conjunto de direitos e obrigações dos sócios da sociedade limitada, o que nos leva a crer que devem constar do contrato social. Por sua vez, no que o contrato social não previr, ficará a questão sob a cobertura da lei. O Código Civil regulamenta o conjunto de direitos e obrigações dos sócios no que tange à sociedade simples, nos arts. 1.001 a 1.009. Como as normas da sociedade simples aplicam-se subsidiariamente à sociedade limitada, elas se aplicam quando houver omissão do contrato social. Se no contrato constar que se aplicam à sociedade as normas da sociedade anônima, então será aplicada a LSA.

Não vemos, porém, muitas possibilidades dessa aplicação, pois são sociedades muito diferentes, regidas por princípios próprios a cada uma. A sociedade limitada é uma sociedade de pessoas; a sociedade anônima é sociedade de capital, o que torna difícil essa adequação. Vamos, porém, repetir que a LSA aplica-se subsidiariamente à sociedade limitada, ou seja, a problemas que não estejam previstas no contrato social, e, em segundo lugar, no Código Civil, e só daí se remete à LSA.

6.2. Obrigações do sócio

6.2.1. *Contribuição social*

Os sócios são obrigados, na forma e prazo previstos, às contribuições estabelecidas no contrato social. O que deixar de fazê-lo, nos trinta dias seguintes ao da notificação pela sociedade, responderá perante ela pelo dano emergente da mora. Verificada a mora, poderá a maioria dos demais sócios preferir, à indenização, a exclusão do sócio remisso, ou reduzir-lhe a quota ao montante já realizado. Em ambos os casos, o balanço será levantado, para ser examinada a situação patrimonial da sociedade e apurar-se o valor da quota do sócio remisso.

Ao subscrever a quota, o sócio deve integralizar seu valor, pois assumiu esse compromisso. Integralizar tem o sentido de pagar. Normalmente, a integralização, isto é, o pagamento, é feito no ato, mas nem sempre ocorre. É uma obrigação assumida pelo sócio perante a sociedade e ele deve cumpri-la. Se não pagar sua quota, estará inadimplente e responderá por isso. Nesse caso, várias opções se oferecem à sociedade, por deliberação dos outros sócios:

- Executar o contrato, obrigando o sócio inadimplente a pagar;
- Expulsar o sócio da sociedade, cancelando sua quota ou vendendo-a a outrem;
- Exigir reparação de danos, mesmo adotando as duas medidas anteriores.

6.2.2. *Transferência de quota*

Os sócios são os donos da sociedade, mas cada um deve compreender que ele é um co-sócio (sócio com) e não dono absoluto. Precisará respeitar os direitos e poderes dos demais sócios, que, aliás, são tutelados pela lei. Vários casos há em que seu direito de propriedade fica restringido pela aprovação dos demais sócios. A cessão total ou parcial de quota, por exemplo, sem a correspondente modificação do contrato social com o consentimento dos demais sócios, não terá eficácia quanto a eles e à sociedade.

O sócio que, a título de quota social, transmitir domínio, posse ou uso, responde pela evicção, e pela solvência do devedor, o que transferir crédito. Ao ser feita a cessão da quota, deve o cessionário, ou seja, o novo sócio, ser protegido contra eventuais fraudes. Mesmo que haja aprovação dos demais, ela pode ser declarada ineficaz se o adquirente vier a perdê-la por decisão judicial que anule o direito de propriedade do sócio cedente sobre a quota. Não fica bem definida a situação do crédito, porquanto há muitos tipos de crédito e documentos que representam, como por exemplo, um título de crédito (nota promissória, letra de câmbio, cheque, duplicata).

O sócio não pode ser substituído no exercício de suas funções sem o consentimento dos demais sócios, expresso em modificações do contrato social. Essa disposição é aqui repetida e torna-se inexorável. A sociedade limitada é uma sociedade de pessoas, vale dizer, a pessoa do sócio é fator primordial em sua estrutura; os sócios devem ser unidos pela *affectio societatis*. Nem mesmo poderá entrar como sócio a esposa de um sócio falecido: quem gozava da aprovação dos demais era o marido e eles podem não aprovar a viúva, a não ser que o contato social tenha previsto previamente a aceitação.

Não poderá um sócio assumir os poderes de outro sócio sem aprovação dos demais; seu substituto só poderá ser outro sócio, mas com o consentimento de todos. Por exemplo: um sócio-gerente decide afastar-se de suas funções; seu substituto só poderá ser outro sócio, mas com o consentimento dos demais.

6.3. Direitos do sócio

O sócio é o dono da sociedade, ou melhor, o co-dono, uma vez que a sociedade deve ter no mínimo dois sócios. Sendo dono, desfruta ele o *"jus utendi, fruendi et abutendi"* = direito de usar, gozar e dispor daquilo que lhe pertence. Pode, portanto, fechar a sociedade, da mesma forma que a abriu. Pode vendê-la a outrem ou doá-la. Ao aplicar dinheiro nela adquiriu direitos; se ele assume obrigações, justo seria também assumir direitos. São muitos os direitos, que agruparemos em cinco classes:

6.3.1. *Participação nos lucros*
O principal direito do sócio é o de participar dos lucros da sociedade e foi para isso que subscreveu o capital. O capital é, destarte, um investimento do sócio, com objetivo de lucro. É como se formasse um pecúlio ou uma poupança. Já fizemos referência a esse direito diversas vezes; ele é realçado em várias disposições legais e sugestiva jurisprudência. Para que faria ele a subscrição da quota no capital da sociedade se não resultasse na conquista desse direito? Que sentido teria também o conceito de contrato social, expresso no artigo 981, quando fala na partilha dos resultados entre os sócios?

É nula a estipulação contratual que exclua qualquer sócio de participar dos lucros e das perdas. Por princípio, uma convenção entre pessoas privadas não pode derrogar lei de ordem pública. O sócio investe seu dinheiro na sociedade para obter os lucros com que possa viver. É fundamento do Direito Societário que a sociedade é profissional e seu conceito esclarece que seu objetivo é a obtenção de lucros para distribuí-los entre os sócios que a compõem. Nenhum acordo entre sócios pode proibir a distribuição de lucros a um sócio, que é um ultraje à lei e não poderá ter validade jurídica.

A distribuição de lucros ilícitos ou fictícios acarreta responsabilidade solidária dos administradores que a realizarem e dos sócios que os receberem, conhecendo ou devendo conhecer a ilegitimidade. Apesar da distinção da personalidade jurídica entre a pessoa jurídica e as pessoas naturais que a compõem, separando a responsabilidade patrimonial da pessoa jurídica do patrimônio dos sócios, procura esse critério evitar fraudes. Se os lucros forem ilícitos são frutos de um crime; se forem fictícios será uma fraude e não pode a lei regulamentar a prática de um crime. Em ambos os casos há um estelionato; algum sócio será prejudicado e outro beneficiado. Essa fraude poderá ser anulada, retornando aos cofres da sociedade os lucros irregularmente distribuídos, ou então, será indenizado o sócio prejudicado.

Salvo estipulação em contrário, o sócio participa dos lucros e das perdas, na proporção das respectivas quotas. O aporte de capital é um investimento; ele é um dos donos da sociedade e, portanto, colherá os frutos de seu investimento. Esses frutos recaem sobre o sócio na proporção do valor de sua quota. Não seria equitativa a distribuição de lucros numa sociedade em que um tem 90% do capital e outro 10% e, no entanto, os lucros seriam divididos meio a meio.

6.3.2. *Direito de recesso*

Se o sócio tem o direito de entrar numa sociedade, tem também o direito de sair, independentemente de justificativa. O grande problema, porém, é a apuração do valor de sua quota para que lhe seja devolvida. Ainda que a questão esteja sendo discutida judicialmente, não é fácil o deslinde do processo, devido à avaliação do estabelecimento (fundo de comércio), tarefa das mais difíceis.

O ideal seria o entendimento do sócio retirante com os demais e a transferência de sua quota a outrem, com a aprovação dos demais sócios, que irão aceitar o novo componente da sociedade. Devido à autonomia da vontade, o sócio avalia a sua quota e discute com o comprador o valor da quota a ser transferida. Não havendo possibilidade dessa transação, será de alta conveniência empresarial resolver o problema entre o sócio em recesso e os outros sócios por meio da mediação e arbitragem, fórmula alternativa de solução de litígios, atualmente em larga aplicação na vida empresarial brasileira. Essa fórmula foi realçada na Lei das S.A., graças à reforma pela Lei 10.303/2001.

6.3.3. *Participação na administração da sociedade*

Há dois tipos de sócios, dos quais já falamos e muito falaremos: o sócio-quotista e o sócio-gerente, este último chamado pelo novo código de administrador. Nem todos os sócios são administradores, mas todo sócio participa da escolha do administrador, podendo todos os sócios ser administradores da sociedade. Há dois direitos nessa questão; o de o sócio escolher o administrador e ele próprio ser escolhido, vale dizer, o direito de votar e o de ser votado.

Por seu turno, o sócio-administrador tem direito à remuneração pelos serviços que prestar à sociedade denominado pró-labore. Essa remuneração não é direito do sócio, mas do administrador; ele, porém, é um sócio, de tal maneira que só sócio tem direito ao pró-labore.

6.3.4. *Participação nas deliberações*

A escolha do administrador já representa deliberação dos sócios. Todo sócio tem o direito de deliberar sobre reforma do contrato social, como mudança de nome, de domicílio, aumento de capital. A faculdade de deliberação é proporcional ao valor de sua quota; se o sócio tem pequena quota, suas decisões podem não pesar nas decisões sociais, mas, por menor que seja sua quota, seu direito de deliberar está assegurado.

6.3.5. *Fiscalização da administração*

Conforme foi referido, nem todo sócio é administrador, ficando alguns apenas como sócios-quotistas, ou seja, sem participar da sociedade. Todavia, ele é um dos donos dela, elemento interessado no sucesso da empresa, motivo pelo qual lhe cabe fiscalizar o andamento dos negócios, a atuação dos administradores e eficiência administrativa da sociedade. Ele tem acesso à contabilidade, aos livros fiscais e às demonstrações financeiras da sociedade, que os administradores estão obrigados a exibir-lhe.

6.3.6. *Exigências aos demais sócios*

Em caso de dissolução da sociedade o sócio terá o direito de exigir contribuições dos demais sócios, para cobrir o déficit apurado. Se a sociedade tiver dívidas, ela não pode ser liquidada.

7. DA ADMINISTRAÇÃO DA SOCIEDADE LIMITADA

7.1. O administrador da sociedade limitada

7.2. Administração colegiada ou individualizada

7.3. Exigências para a investidura

7.4. Administração sob mandato

7.5. Os poderes do administrador

7.6. Responsabilidade dos administradores

7.7. Função intransferível e indelegável

7.8. Do administrador não sócio

7.9. A destituição do administrador

7.10. A elaboração das demonstrações contábeis

7.1. O administrador da sociedade limitada

A administração da sociedade limitada ficou regulamentada pelo nosso código novo de forma bem explícita, o que não acontecia antigamente, nem com a lei da sociedade por quotas, nem com as demais sociedades de pessoas.

A sociedade limitada é administrada por uma ou mais pessoas designadas no contrato social ou em ato separado. Fica a administração da sociedade limitada a cargo do "administrador", anteriormente chamado de sócio-gerente, expressão que ainda permanece em nosso direito. O administrador só poderá ser pessoa natural e será incumbido da "administração da sociedade", conforme diz o código. Essas pessoas deverão ser designadas como administradores no contrato social ou em ato separado. Todavia, a administração atribuída no contrato a certos sócios não se estende a outros sócios; se algum dos atuais sócios for nomeado, deverá haver nomeação em separado.

Poderá a sociedade ter um ou vários administradores para gerir as atividades sociais. O termo "administrar" é interpretado de várias maneiras, quer na ciência do direito, quer na de administração de empresas, quer na economia. No que tange ao Direito Societário, administrar e gerir são palavras sinônimas; vem justificada por essa sinonímia a designação dada, pelo antigo direito, de sócio-gerente ao atual administrador.

7.2. Administração colegiada ou individualizada

Quando por lei ou pelo contrato social competir aos sócios decidir sobre os negócios da sociedade, as deliberações serão tomadas por maioria de votos, contados segundo o valor das quotas de cada um. Casos há em que certas decisões não ficam a cargo do administrador, mas ao conjunto de sócios, casos esses previstos em lei, como o da inclusão de novo sócio, ou então por cláusula contratual.

Essas decisões colegiadas ficam submetidas a certas normas traçadas na lei. São tomadas segundo o critério adotado nas assembleias da S.A. por votação em que pesa o valor da quota. Como a quota é indivisível, deve achar uma fórmula para atribuir a cada quota o número de votos, segundo o seu valor, como, por exemplo, um voto por real. Vamos esmiuçar a solução: uma sociedade simples com três sócios, cada um com quota diferente, a saber:

Ulpiano . . . . .R$ 10.000,00

Modestino . . . . . . .R$ 7.000,00

Pompônio . . . . . . .R$ 3.000,00.

Numa votação, Ulpiano teria 10.000 votos, Modestino 7.000 e Pompônio 3.000. Uma proposta deliberada poderá ser decidida se contar com 5.000 votos. Poderá, neste caso, haver empate se Ulpiano for a favor da proposta e os outros dois contra. Entretanto, neste caso, vence os votos de Modestino e Pompônio, pois houve dois sócios contra um. Para a formação da maioria absoluta são necessários votos correspondentes a mais da metade do capital. Prevalece a decisão sufragada por maior número de sócios no caso de empate, e, se ele persistir, decidirá o juiz.

É possível outra hipótese: o capital de uma sociedade limitada é de R$ 40.000, distribuído entre quatro sócios em partes iguais, sendo R$ 10.000 de cada um. Numa votação, dois sócios votam a favor e dois contra; haverá, portanto, duplo empate: por votos e votantes. Neste caso a solução será dada num processo judicial. Parece-nos, porém, que submeter a questão à arbitragem, nos termos da Lei 9.307/96, seria a melhor solução.

Responde por perdas e danos o sócio que, tendo em alguma operação interesse contrário ao da sociedade, participar da deliberação que a aprove graças a seu voto. É a posição do sócio que confunde duas posições: de sócio e de terceiro negociando com a sociedade. Por exemplo, uma decisão sobre o fornecimento de equipamento industrial com preço orçado por vários fornecedores. Na votação, pende a vitória a um fornecedor que é uma empresa formada por família do sócio da compradora, cujo voto pendeu na escolha.

Nos atos de competência conjunta de vários administradores torna-se necessário o concurso de todos, salvo nos casos urgentes em que a omissão ou tardança das providências possa ocasionar dano irreparável ou grave. Para esclarecer melhor, os administradores podem administrar a sociedade limitada disjuntivamente ou conjuntivamente. Se houver, por exemplo, dois administradores disjuntivos, cada um age por si, assina por si; um cheque, por exemplo, pode ser emitido com a assinatura de um ou de outro. Se eles operarem de forma conjunta, cada um deverá operar em conjunto com os demais; se houver responsabilidade conjunta, um cheque deverá ter a assinatura de todos os administradores. Há situações excepcionais; em caso de premente necessidade de uma decisão e se ela não for tomada poderá acarretar prejuízos à sociedade, poderá um sócio tomar decisão isolada.

7.3. Exigências para a investidura

Estão legalmente impedidos de exercer atividade empresarial, ou seja, não podem ser administradores de uma sociedade limitada as pessoas condenadas por crimes reveladores de abuso de confiança ou desrespeito ao patrimônio alheio. Indicamos as razões:

1. *Crime falimentar*
Neste caso, é quem tenha sido condenado como empresário mercantil individual, que o Código Civil chama exclusivamente "empresário", e não por ser sócio de empresa falida. Não fica

esclarecido se o impedimento atinge a quem já cumpriu a pena e quem já foi reabilitado. Somos de opinião de que esse impedimento atinge a quem responde por inquérito por crime falimentar, a menos que tenha sido absolvido. O que ocorre é que a "indústria de falências" estabeleceu efetivo esquema de prescrição de crimes falimentares. Contudo, prescrição não é absolvição.

2. *Crimes contra a propriedade alheia*

Integram-se nessa tipologia genérica furto, roubo, apropriação indébita, estelionato. Nos quatro casos, o autor do crime é um ladrão, e não seria lógico um ladrão condenado ser administrador de uma sociedade.

3. *Crimes contra a fé pública*

É o caso de falsificação, ou seja, o "administrador da empresa" ter sido condenado como falsário.

4. *Crimes contra a economia popular*

Nessa categoria incluem-se a prevaricação e a peita ou suborno.

7.4. **Administração sob mandato**

O administrador nomeado por instrumento em separado deve averbá-lo à margem da inscrição da sociedade, e pelos atos que praticar, antes de requerer a averbação, responde pessoal e solidariamente com a sociedade. O administrador deve constar já do contrato social, mas é possível que algum seja incluído posteriormente. A investidura nessa posição dependerá de um instrumento escrito, com a assinatura de todos os sócios e averbado no registro da sociedade na Junta Comercial. Se praticar algum ato antes de averbar o instrumento, o ato será válido e obrigará a sociedade, mas o administrador responderá solidariamente com ela. Nota-se que o código fala em ato praticado antes de requerer a averbação e não antes de ser registrado.

O contrato social deve indicar quem serão os administradores da sociedade. Se o contrato for omisso, todos os sócios serão administradores. Poderá haver um só administrador; ou vários administradores, cada um agindo disjuntivamente, vale dizer, isoladamente; poderá um discordar do outro, submetendo a questão à solução do corpo de sócios.

Esse aspecto parece um tanto confuso porquanto o novo Código Civil introduziu novos termos na nomenclatura societária, como aconteceu com o termo "administrador", tal como constava no código italiano, mas era estranho a nós. Esse termo tem muitos significados, não só quando usado vulgarmente, mas em relação ao direito também podemos relacionar alguns:

Administrador é o sócio da sociedade de pessoas, mas que é escolhido pelos demais sócios para exercer a gerência da sociedade e a administração dela. Era chamado no direito anterior ao Código Civil de 2002 de sócio-gerente, expressão que ainda é utilizada na linguagem comum, até que a designação de administrador fique sedimentada.

Administrador é uma pessoa que não é sócio de uma sociedade, mas recebe dela, por meio de mandato, poderes para exercer sua gerência e administração. Pode ser um funcionário assalariado, exercendo a gerência das atividades da sociedade, graças a um mandato para tanto. É também possível que não seja funcionário, mas apenas um mandatário autônomo.

Administrador é o membro do Conselho de Administração de uma sociedade anônima. Ela tem um órgão diretivo não obrigatório, a não ser nas companhias de capital aberto e de capital autorizado. Os membros do Conselho de Administração são por isso chamados de conselheiros ou administradores.

Administrador é considerado o diretor de uma sociedade anônima; suas funções são próprias de direção e administração da empresa.

Administrador é a pessoa formada em Faculdade de Administração de Empresas.

Administrador é todo aquele que administra. O chefe de uma oficina mecânica administra essa oficina, sendo, portanto, um administrador. O gerente-administativo de uma empresa exerce funções típicas de administrador. O diretor de um clube também exerce essa função, como também a exerce o diretor-administrativo de um clube. O administrador de uma fazenda agropecuária exerce a administração geral dessa propriedade rural. O síndico da falência é o administrador da massa falida. O capataz ou feitor administra grupo de pessoas num trabalho. O diretor de uma escola administra suas atividades.

Em nossa opinião, as designações de sócio-gerente e gerente não mais cabem juridicamente como administrador. O primeiro cargo tornou-se privativo do "gerente" previsto no artigo 1.171 do Código Civil, que o define, como podemos ver:

> *Considera-se gerente o preposto permanente no exercício da empresa, na sede desta, ou em sucursal, filial ou agência.*

A expressão *sócio-gerente* é ainda utilizada vulgarmente, devido à tradição, mas o Código Civil não a adotou, motivo pelo qual, juridicamente, ela se tornou inadequada, devendo pouco a pouco ser substituída por *administrador*. Deverá ser demorada essa substituição se levarmos em conta os casos anteriores de mudança de nome. Vamos citar um exemplo: a expressão Direito Mercantil foi substituída em 1808, quando do surgimento do Código Comercial francês, mas, no Brasil, a mudança de nome só começou em 1850, quando foi promulgado o Código Comercial brasileiro.

7.5. Os poderes do administrador

O administrador poderá exercer sua ação apenas nos limites de seus poderes, não podendo ultrapassá-los. É a teoria do *ultra vires societatis*, já consagrada. Se o administrador usar de poderes que não lhe foram outorgados pela sociedade ou se praticar atos não compreendidos nas suas atribuições, responderá por eles perante a sociedade. A responsabilidade *ultra vires societatis*, contudo, é apenas do administrador para com a sociedade e não para com terceiros, razão pela qual esses atos acarretam a responsabilidade da sociedade para com terceiros, tendo direito regressivo contra o administrador arbitrário.

Responde por perdas e danos perante a sociedade o administrador que realizar operações sabendo ou devendo saber que estava agindo em desacordo com a maioria.

7.6. Responsabilidade dos administradores

Os administradores respondem solidariamente perante a sociedade e os terceiros prejudicados por culpa no desempenho de suas funções. Desse modo, abre-se mais a responsabilidade do administrador se, ainda que sem abusar dos seus poderes, causar prejuízos a terceiros. Trata-se, neste caso, da responsabilidade aquiliana, ou seja, baseada na culpa. O ônus da prova cabe ao terceiro que alega.

Citemos um exemplo: um administrador, dirigindo um veículo da sociedade em serviço, causa acidente em vista da inobservância das normas de trânsito. Praticou um ato de gestão, pois estava exercendo atividade empresarial, mas a culpa do acidente foi dele. Neste caso, a sociedade responderá pelas perdas e danos perante o terceiro prejudicado, mas o terceiro poderá incluir na execução o administrador, invocando a responsabilidade solidária. A sociedade terá contra o administrador o direito de regresso.

O administrador que, sem consentimento escrito dos sócios, aplicar crédito ou bens sociais em proveito próprio ou de terceiros terá de restituí-los à sociedade, ou pagar o equivalente, com todos os lucros resultantes e, se houver prejuízo, por eles também responderá. Fica sujeito às mesmas sanções o administrador que, tendo em qualquer operação interesse contrário ao de sociedade, tome parte na correspondente deliberação. Esse comportamento indevido do administrador equivale a uma prevaricação. Ele abusou de seus poderes dentro da sociedade, fazendo os atos de gestão redundarem em seu benefício pessoal. Por exemplo, fornece mercadorias a preço abaixo do valor a um cliente que lhe tenha fornecido mercadoria abaixo do valor. É operação vulgarmente chamada de "troca de chumbo".

O administrador provoca confusão entre os seus interesses e os interesses sociais, resultando em lucro pessoal em detrimento da sociedade. Vamos citar outro exemplo: o administrador empresta veículo da sociedade a uma empresa da qual ele é sócio; ou, então, quem empresta o veículo é um outro administrador, mas a operação é aprovada pelo administrador ligado à empresa beneficiada. Em casos assim, fica o administrador obrigado a reparar os danos sofridos pela sociedade que administra; mesmo que ela não sofra prejuízos, os lucros que ela tiver obtido deverão ser recolhidos à sociedade.

No silêncio do contrato, os administradores podem praticar todos os atos pertinentes à gestão da sociedade. Não constituindo objeto social, a oneração ou a venda de bens imóveis depende do que decidir a maioria dos sócios. O contrato social deve definir quais os atos que os administradores possam ou não praticar, mas os sócios podem delegar poderes mais amplos aos administradores, pois vigora o princípio da autonomia da vontade. Na omissão contratual há liberdade dos administradores na gestão das atividades empresariais. Contudo, os atos não pertinentes à gestão empresarial, como a venda de imóveis, obedecerão a outro critério: serão submetidos à decisão dos sócios, que decidirão por maioria de votos.

O excesso por parte dos administradores somente pode ser oposto a terceiros, se ocorrer pelo menos uma das seguintes hipóteses, previstas no artigo 1.015 do Código Civil:

A. Se a limitação de poderes estiver inscrita ou averbada no registro próprio da sociedade. Nesse caso, haveria obrigação do terceiro em saber que estava transacionando irregularmente com a sociedade. É preciso, porém, examinar cada caso, para ver se estava totalmente enquadrado nessa disposição, como se a operação realizada trouxer proveito para a sociedade e não para o sócio; em situação semelhante, a sociedade teria se enriquecido indevidamente.

B. Se o terceiro que contratasse com a sociedade soubesse que estava agindo mal, ciência essa devidamente comprovada.

C. Se a transação realizada não fizesse parte do objeto social, como, por exemplo, uma metalúrgica comprando cem sacas de açúcar.

Nesse aspecto, o novo Código Civil introduz no artigo 1.015 novo regime de responsabilidade dos administradores. A lei parece conceder à sociedade uma blindagem contra possíveis ações de terceiros contra ela, quando seu administrador se exorbitar nos seus poderes e praticar atos em nome da sociedade que a comprometam perante terceiros. Radicaliza a teoria do *ultra vires societatis* = além dos poderes sociais, pela qual a sociedade fica protegida contra os excessos de seus administradores. Destarte, o terceiro que negociar com a sociedade deverá exercer ação contra ela se ela não conseguir provar os defeitos do ato de seus administradores.

Essa situação dá insegurança aos terceiros que contratarão com a sociedade limitada. Eles deverão pedir o contrato social dela, examiná-lo e analisá-lo para constatar se um ato foi praticado por meio do administrador que não tinha poderes para tanto. Esses cuidados são muito difíceis e trabalhosos. Poderá trazer dificuldades à própria sociedade, que não contará facilmente com a confiança de seus clientes. Dará azo a malandros, para a prática de fraudes e enriquecimento ilícito. O Código Civil não diz a quem caberá o ônus da prova: se à sociedade ou ao terceiro.

A primeira exigência para a alegação da *ultra vires societatis* é a de que o contrato social arquivado no Cartório deixe bem clara a limitação dos poderes dos administradores e fiquem bem definidos seus poderes. Por exemplo: o contrato social diz que os administradores não poderão conceder aval ou fiança em nome da sociedade limitada; ela poderá recusar-se a cumprir essa garantia por ser evidente o excesso de poderes do administrador. Nas práticas empresariais do dia a dia não é costumeiro exigir o contrato social de uma sociedade, o que deixa em situação de insegurança quem com ela contratar.

A segunda exigência não é favorável à sociedade limitada. Cabe a ela o ônus da prova de que o terceiro que a contratou sabia que seu administrador estava agindo além de sua capacidade. Mesmo assim, é de se duvidar da idoneidade dessas provas. Por exemplo: pode haver cláusula no contrato de compra e venda, deixando antever até onde vai a autoridade dos administradores da sociedade. Essa cláusula fica expressa normalmente em letras minúsculas num contrato de várias páginas. Grande parte das sociedades simples são empresas prestadoras de serviços e seus clientes não são empresas, mas pessoas privadas, como, por exemplo, uma empregada doméstica; ela não irá pedir o contrato social da empresa que lhe presta serviços, nem terá condições intelectuais de examiná-lo.

Por outro lado, a sociedade limitada é uma sociedade de pessoas e nela vigora a *affectio societatis*. Se os sócios celebram um contrato entre si para constituir uma sociedade é porque um confia no outro. Como pôde, depois, essa sociedade alegar que um sócio foi desonesto e deu um golpe em ambos: a sociedade e o terceiro? No mínimo, essa sociedade teve culpa *"in eligendo"*. E o sócio infrator continua como sócio ou será expulso da sociedade? Se ele permanecer, evidencia-se a conivência da sociedade para com os atos de seu administrador.

Se ficar provado realmente que o terceiro contratante sabia das limitações dos poderes do administrador que contratou com ele em nome da sociedade, e mesmo assim celebrou uma transação lesiva a ela, terá agido em conluio imoral com o administrador. Justo será que a lei não isente de culpa quem agiu de má-fé, e a sociedade poderá opor contra ambos a nulidade do ato praticado, isentando-a de obrigações. Poderá ser invocado, neste caso, o artigo 47 do Código Civil:

> *Obrigam a pessoa jurídica os atos dos administradores, exercidos nos limites de seus poderes definidos no ato constitutivo.*

Se a lei garante os atos praticados pelo administrador nos limites de seus poderes, tacitamente exclui de sua proteção os atos praticados além deles. Aplica-se nesse caso a teoria da aparência.

Vejamos agora o terceiro pressuposto para que a sociedade limitada possa safar-se da responsabilidade por atos praticados em seu nome por administradores. É quando o ato for evidentemente estranho a seus negócios. Vamos citar um caso destes: uma metalúrgica comprou 50 sacas de açúcar, fato realmente estranho. A mercadoria foi adquirida no domicílio da compradora, para ser paga em trinta dias. Passados trinta dias, a duplicata não foi paga. As 50 sacas de açúcar foram entregues no domicílio da compradora. Há presunção de boa-fé na transação feita. O vendedor não vai desconfiar de seu cliente. A boa-fé está prevista em nossa lei, conforme se pode ver no artigo 113 do Código Civil:

Os negócios jurídicos devem ser interpretados conforme a boa-fé e os usos do lugar de sua celebração.

Julgamos ainda que o Código Civil deveria prever se o ato praticado pelo administrador trouxe ou não proveito à sociedade limitada; o açúcar foi entregue no domicílio dela e ela o recebeu, assinando o canhoto da nota fiscal? Se recebeu a mercadoria enriqueceu o seu patrimônio e, portanto, não teria motivo de queixa.

Outro característico que o artigo 1.015 deveria também ter previsto é o local em que a transação praticada pelo administrador teria sido praticada. Se a operação foi realizada no domicílio dela, não deveria ter permitido a concretização do negócio irregular. Nesse caso, ela teve culpa *"in vigilando"*. O antigo Código Comercial, revogado pelo novo Código Civil, previa a responsabilidade de uma empresa por transações realizadas em seu domicílio por seus prepostos.

Após essas considerações, nosso parecer é de que o artigo 1.015 não deve ser levado muito ao pé da letra, mas considerando as circunstâncias de cada caso, como a questão do local do ato praticado com excesso de poderes de seus administradores e o fator retrocitado, a respeito dos possíveis benefícios que esse ato tenha causado à sociedade.

7.7. Função intransferível e indelegável

Ao administrador é vedado fazer-se substituir no exercício de suas funções, sendo, entretanto, facultado, nos limites de seus poderes, constituir mandatários da sociedade, especificados no instrumento os atos e operações que poderão praticar. Os poderes de gestão e as atribuições conferidas ao administrador são *intuitu personae*; ele não poderá transferi-los. Como dirigente da empresa poderá delegar poderes a um gerente, que é um preposto. Poderá também outorgar mandatos em nome da sociedade, como a um advogado ou a um representante comercial autônomo.

São irrevogáveis os poderes do sócio investido na administração por cláusula expressa no contrato social, salvo justa causa, reconhecida judicialmente, a pedido de qualquer dos sócios. São revogáveis, a todo tempo, os poderes conferidos a sócio por ato separado, ou a quem não seja sócio. Se não contar com sua concordância, os sócios poderão destituí-lo graças à ação judicial. Esta ação deverá ser motivada por justa causa, como, por exemplo, se ele infringiu os deveres de diligência e lealdade, ou se for constatada sua condenação por crimes que o indisponham ao exercício do seu cargo.

As disposições acima descritas, com previsão no artigo 1.019, contemplam dois aspectos diferentes, conforme for o tipo de administrador e vamos exercer análise crítica dos dois critérios. Se o administrador for sócio da empresa, ou seja, um sócio-administador, é adotada a irrevogabilidade das funções, e, se ele não estiver de acordo com seu afastamento, a questão será resolvida na Justiça. Esse critério nos parece incompatível com o dinamismo da vida atual. No mundo moderno, não cabe solução judicial de divergências empresariais, ante as inúmeras inconveniências apresentadas pela justiça, principalmente a morosidade, a publicidade dada a assuntos confidenciais, a falta da especialidade dos julgamentos, a excessiva contenciosidade e outras mais. O afastamento de um sócio implica alteração do contrato social e as alterações desse tipo só podem ser realizadas com a aprovação unânime dos sócios, e, naturalmente, o sócio a ser afastado não estará de acordo. Levado o assunto à Justiça, o afastamento só se dará após o trânsito em julgado da sentença que opinou pelo afastamento. É sabido que o prazo médio de resolução desse tipo de processo é de dez anos, considerando-se que poderá haver recurso à Justiça superior, cujo prazo de deslinde é de mais ou menos três anos. E durante esse tempo, o sócio considerado inconveniente permanece em seu cargo, no exercício de suas funções, usufruindo seus poderes, criando um ambiente interno desfavorável à empresa.

O ideal seria prever no próprio contrato a solução de tais problemas. Poderia, por exemplo, ser incluída a cláusula compromissória, engajando todos os sócios a adotarem a arbitragem como sistema de resolução de potenciais divergências existentes entre eles. É sabido que o sistema arbitral apresenta muitas vantagens em pontos em que a Justiça falha: é rápida, confidencial, especializada, de baixa contenciosidade. Essa cláusula deveria ser inserida em quase todos os contratos empresariais.

Não sendo sócio-administrador, ou seja, o sócio previsto no contrato social como administrador da sociedade, a situação se torna mais simples. É um administrador não sócio, e não foi nomeado administrador no contrato social, sendo um funcionário remunerado e nomeado por mandato conferido pela sociedade. Se for um funcionário remunerado, pode ser dispensado a qualquer momento, nos termos da legislação trabalhista; se for nomeado por mandato, o mandante poderá, a qualquer momento, revogar o mandato. Não haverá necessidade de alteração no contrato social. A nosso ver, não haverá necessidade de unanimidade, mas o mandato pode ser revogado por decisão da maioria.

7.8. Do administrador não sócio

A sociedade limitada admite legalmente a existência de administrador que não seja sócio, o que não acontece com a sociedade simples e outras sociedades de pessoas. Se o contrato permitir administradores não sócios, enquanto o capital não estiver integralizado, a aprovação dos sócios deve ser unânime.

É de 2/3, no mínimo, após a integralização. Vê-se então que haverá necessidade de previsão contratual para que haja administrador não sócio. Haverá também necessidade da aprovação dos demais sócios, com dois critérios diferentes: se o capital já estiver integralizado, só com aprovação unânime dos sócios; se já estiver integralizado, só com aprovação de, no mínimo, 2/3 dos sócios.

Trata-se de um empregado da empresa, um "gerentão", com poderes iguais aos dos sócios, e, às vezes, superiores. Esse poder, entretanto, lhe será conferido pelos sócios: é um cargo de confiança. Esse tipo de administrador deve ser indicado em ato separado, mas a lei não proíbe que já conste do contrato social, constando que ele seja considerado administrador não sócio, descrendo-se suas funções e seus poderes. Como o contrato social deve ser assinado por todos os sócios, subtende-se que houve aprovação unânime desse administrador.

Ele irá se investir no cargo mediante termo de posse no livro de atas da administração. Se o termo não for assinado no prazo de trinta dias seguintes à designação, ela se tornará sem efeito. Só após a averbação o mandato produzirá seus efeitos perante terceiros. Se a sociedade abrir conta em um banco, ele só acolherá cheques assinados pelo administrador se constar no contrato social o mandato conferindo-lhe poderes para assinar cheques, conforme atesta a certidão da Junta Comercial. O mandato à parte, conferindo os poderes ao administrador, deverá ser averbado na Junta Comercial no prazo máximo de dez dias, mencionando o nome, nacionalidade, estado civil, residência, com a exibição de documentos de identidade, o ato e a data da nomeação e o prazo de gestão.

Há certas restrições para a investidura do administrador não sócio, e são as mesmas para a sociedade simples e a sociedade anônima; não pode ter sido condenado pelos crimes previstos no art. 1.011, cujo teor transcrevemos:

> *Não podem ser administradores, além das pessoas impedidas por lei especial, os condenados a pena que vede, ainda que temporariamente, o acesso a cargos públicos; ou*

*por crime falimentar, de prevaricação, peita ou suborno,
concussão ou peculato; ou contra a economia popular, contra
o sistema financeiro nacional, contra as normas de defesa da
concorrência, contra as relações de consumo, a fé pública ou a
propriedade, enquanto perdurarem os efeitos da condenação.*

Há também restrições para a investidura do **administrador
não sócio**, que são as mesmas para **administrador-sócio**; não pode
ser sido condenado por esses mesmos crimes.

7.9. A destituição do administrador

O exercício do cargo de administrador cessa pela destituição a qualquer tempo, do titular, ou pelo término do prazo, se
fixado no contrato social ou em ato separado. Vê-se então que
a lei permite mandato de administrador a prazo; vencido esse
prazo automaticamente cessa o mandato, e o administrador está
liberado. Se não houver prazo estabelecido no mandato, cabe aos
sócios a iniciativa de exonerá-lo, nos mesmos critérios adotados
para a exoneração do administrador não sócio.

Importa dizer que o administrador, sendo sócio, ou seja,
o sócio-administrador, o antigo sócio-gerente, não deixa de ser
sócio; passa ele a ser um sócio-quotista, com os direitos inerentes à sua quota. Além dos dois casos de afastamento, ou seja,
por vencimento do prazo ou pela destituição por iniciativa dos
sócios, o sócio-administrador pode renunciar ao cargo; não lhe
interessa mais o exercício das funções administrativas e ele pede
seu afastamento, que é aceito pelos demais. Qualquer que seja,
entretanto, a forma do afastamento, o ato deve ser registrado na
Junta Comercial para ser aceito por terceiros.

A exoneração do administrador não sócio cessa por ato celebrado pelos sócios, devidamente registrado no livro de reuniões
e com a aprovação dos sócios no mesmo critério da nomeação:
se o capital não estiver integralizado, será pela unanimidade; se
já estiver integralizado, pela maioria superior a 2/3. O acerto
entre a sociedade e esse administrador se faz nos termos da CLT.

O ato de exoneração deve ser averbado no registro da sociedade na Junta Comercial, para produzir efeitos *erga omnes*, mediante requerimento apresentado nos dez dias seguintes ao da ocorrência.

A renúncia do administrador torna-se eficaz, em relação à sociedade, desde o momento em que esta toma conhecimento da comunicação escrita do renunciante. Em relação a terceiros, após a averbação e publicação.

O uso da firma ou denominação social é privativo dos administradores que tenham os necessários poderes.

7.10. A elaboração das demonstrações contábeis

A administração da sociedade limitada está prevista no capítulo próprio da sociedade limitada, ou seja, o capítulo IV, nos artigos 1.060 a 1.065 do Código Civil. Completa-se com as disposições referentes à sociedade simples, nos artigos 1.010 a 1.021, e em outras normas esparsas.

O artigo 1.065, referente à administração, estabelece que ao término de cada exercício social, proceder-se-á à elaboração de resultado econômico. Parece-nos dispensável essa exigência, por ser uma obrigação contábil peculiar a todas as sociedades e não apenas à limitada. Além disso, as normas contábeis constam fartamente do capítulo IV do Código Civil, denominado Da Escrituração. É ainda visto amplamente na Lei das S.A., aplicando-se às demais sociedades.

Ao que tudo indica, quis o código dizer que uma das obrigações da administração da sociedade limitada é a de elaborar o inventário, o balanço patrimonial e o balanço de resultado econômico. Conservou-se fiel ao modelo do Código Civil italiano, que fixou essa atribuição da administração da sociedade limitada nos artigos 2.490 e 2.491.

8. DAS RELAÇÕES COM TERCEIROS

8.1. A sociedade no seu ambiente

8.2. Responsabilidade pessoal dos sócios

8.3. Direitos dos credores dos sócios

8.4. Situação do novo sócio

8.5. Partilha da quota do sócio

8.1. A sociedade no seu ambiente

A sociedade é um organismo vivo, com intensa vida social, com incessantes contatos com a coletividade a que pertence. É consequência de sua personalidade jurídica. Ela compra matéria-prima e outros produtos de seus fornecedores, que fazem parte da coletividade vizinha a ela. Assalaria seus funcionários e obriga-se a pagar tributos. Mantém amplo relacionamento com bancos: obtém deles crédito para suas operações e terá de pagá-los. Há cidades intimamente vinculadas a empresas; citaremos como exemplo a cidade de Volta Redonda, cuja atividade se exerce em conexão com a companhia siderúrgica nela instalada.

A sociedade adquire direitos, assume obrigações e procede judicialmente, por meio de administradores com poderes especiais, ou não os havendo, por intermédio de qualquer administrador. A sociedade não tem mãos, mas assina cheques e contratos, assumindo obrigações ou adquirindo direitos. Ela age por intermédio de seus administradores; eles assinam por ela. Para tanto, há necessidade de que lhes sejam outorgados poderes especiais para cada tipo de ato. Se não constarem no contrato social os poderes especiais, tem-se que qualquer ato empresarial possa ser exercido pelos administradores.

Examinamos a personalidade jurídica da sociedade e vimos que ela começa a existir no momento em que se registra no órgão competente, mais precisamente o Cartório de Registro Civil de Pessoas Jurídicas para a sociedade simples e a Junta Comercial para os demais tipos de sociedade, como é o caso da sociedade limitada. É o que também prevê o artigo 45 do novo Código Civil:

Começa a existência legal das pessoas jurídicas de direito privado com a inscrição do ato constitutivo no respectivo registro, precedida, quando necessário, de autorização ou aprovação do Poder Executivo, averbando-se no registro todas as alterações por que passar o ato constitutivo.

Assim sendo, ao ser registrada e recebendo a certidão de registro, a sociedade já tem existência legal, o que lhe dá personalidade jurídica. Ela está apta a adquirir direitos e contrair obrigações. Com o registro, quatro aspectos serão realçados:
- Capacidade patrimonial, podendo possuir patrimônio próprio, desvinculado do patrimônio pessoal das pessoas que a compõem.
- Capacidade de adquirir direitos.
- Capacidade de adquirir legalmente obrigações.
- Capacidade de atuar em juízo, ativa e passivamente.

Ao adquirir a personalidade jurídica, ela terá existência própria e autônoma, o que a capacita ainda a possuir um patrimônio próprio. Essa autonomia observa-se ainda ante as pessoas que a compõem. A sociedade é uma pessoa jurídica constituída de duas ou mais pessoas, geralmente físicas, mas há possibilidade de haver sociedades sócias de outra. Cada uma terá, pois, sua personalidade jurídica e patrimônio próprio, que não se confundem nem se comunicam. O antigo Código Civil mostrava-nos no *"caput"* do art. 20:

As pessoas jurídicas têm existência distinta da de seus membros.

Esse artigo foi abolido no novo código, o que nos leva a crer que a autonomia da sociedade e de seus membros não é mais absoluta.

8.2. Responsabilidade pessoal dos sócios

Se os bens da sociedade não cobrirem as dívidas, respondem os sócios pelo saldo, na proporção em que participem das perdas sociais, salvo cláusula de responsabilidade solidária. Pelo que se vê, não ficam os sócios totalmente isentos de responsabilidade pessoal pelas dívidas que a sociedade contrair. É possível que o contrato tenha cláusula adotando responsabilidade solidária, mas as dívidas da sociedade transmitem-se aos sócios no saldo, vale dizer, a sociedade responde por duas dívidas, mas, se ela não cobrir totalmente os débitos, o resíduo deles passa para os sócios.

Esse resíduo é considerado uma perda, um prejuízo da sociedade e por isso passa para a responsabilidade do sócio, mas não de forma solidária e ilimitada. Ele responde na proporção do valor de sua quota.

Os bens particulares dos sócios não podem ser executados por dívidas da sociedade, senão depois de executados os bens sociais. A responsabilidade, ainda que haja cláusula de solidariedade, é sempre subsidiária. A sociedade responde por suas dívidas, mas, se não tiver com que pagá-las, resultando execução frustrada, os sócios responderão subsidiariamente por elas. Nesse caso, cremos que poderá haver duas execuções num mesmo processo. Desde que haja certidão do oficial de justiça certificando a ausência de bens da sociedade, para penhorar, ou a insuficiência deles, poderá ser requerida a penhora dos bens particulares dos sócios.

O novo código introduziu modificações na teoria da personalidade jurídica da sociedade, razão que nos faz focalizar mais este assunto, por ter havido mudança de critérios. Realmente os direitos da pessoa merecem respeito e a lei e a jurisprudência têm realçado a proteção desses direitos. Por isto, a distinção entre a pessoa jurídica da sociedade e dos sócios que a compõem continua prevalecendo, mas se tornou mitigada em vista dos artigos 1.023

e 1.024. Não se trata da aplicação da *Disregard Theory* (desconsideração da personalidade jurídica), que ficou prevista no artigo 50, mas da norma geral que atinge a sociedade limitada em qualquer situação, e não só aplicada nos casos previstos naquele artigo. Outro critério veio embasar a nova orientação.

Vamos explicar a questão de outra forma, para que ela fique mais esclarecida. Se a sociedade contrai dívidas, ela se responsabiliza pelas dívidas que contraiu, e não seus sócios. Seus bens poderão ser penhorados, vendidos em leilão, e o fruto disso servirá para o pagamento das dívidas. Pode ocorrer, entretanto, que os recursos da sociedade limitada sejam insuficientes para o pagamento das dívidas, sobrando um resíduo que passará para as calendas gregas, ficando em suspenso até que a sociedade possa obter recursos para saldá-lo. Naturalmente, nunca esse débito será pago, o que provocou o aparecimento da *Disregard Theory*, e agora surge novo dispositivo com o Código Civil para opor dificuldades a possíveis trapaças.

Esse privilégio societário foi mitigado pelos artigos 1.023 e 1.024, com base no princípio da equidade ou do equilíbrio. A vida de uma sociedade é feita de altos e baixos: um ano apresenta resultados propícios e outro desfavoráveis. Na época das "vacas gordas", isto é, quando os resultados apresentam lucros gordos, os sócios desfrutam da situação; é um direito que lhes cabe. Entretanto, se numa época posterior um desastre advém à sociedade, que amarga altos prejuízos, a sociedade se vê desprovida de recursos. Os lucros anteriores saíram de seu patrimônio e se incorporaram ao patrimônio particular dos sócios, não havendo modo legal de fazê-los retornar à sociedade. Neste caso, os prejuízos recairiam parcialmente no lombo da sociedade, de seus sócios e também no de seus credores. É a "socialização dos prejuízos". Não existe, porém, socialização dos lucros.

Vejamos o que aconteceu com grande e tradicional empresa de São Paulo, tendo operado durante décadas, deixando ricos seu fundador e seus herdeiros, sendo ainda hoje sua família bem conceituada. Após muitos anos de prosperidade, essa empresa entrou em declínio e foi à falência, deixando milhares de funcionários sem receber direitos trabalhistas, elevado débito tributário, recolhimentos ao INSS em atraso, sem pagamento a milhares de fornecedores, bancos e outros credores. Para eles, foram créditos irrecuperáveis. Estamos citando um exemplo, mas poderíamos citar milhares de casos semelhantes.

Não pode cair no esquecimento a ocorrência com os maiores e tradicionais magazines, o Mappin, a Mesbla, a Exposição-Clipper, Arapuã, a Ducal. O Mappin foi durante quase um século o maior magazine do Brasil, mas seus donos fizeram parceria com um "arareiro", que assumiu a direção. Pouco depois foi à falência, deixando na mão milhares de funcionários sem pagamento e milhões em dívidas. Hoje o antigo dirigente do Mappin ocupa importantes cargos na administração pública e foi cogitado até para ministro de Estado. O administrador que provocou a falência circula pelo mundo, junto com seu filho, com belas mulheres a tiracolo, misses, modelos, manequins, artistas, e é fotografado em mansões espalhadas pela Europa e EUA.

Ante todas essas ocorrências, justas foram as disposições do Código Civil de 2002, em estabelecer responsabilidade dos sócios, ainda que subsidiárias, a menos que os sócios tenham celebrado cláusula de solidariedade no contrato social. Há, portanto, proteção legal para os direitos e o patrimônio pessoal dos sócios. Veja-se o que diz o artigo 1.023:

> Se os bens da sociedade não lhe cobrirem as dívidas, respondem os sócios pelo saldo, na proporção em que participem das perdas sociais, salvo cláusula de responsabilidade solidária.

Nessas condições, digamos que a sociedade deixou dívidas de R$ 45.000.000, 00 e seus bens foram leiloados por R$ 30.000.000,00. Sobrou um resíduo de R$ 15.000.000,00, que deverá ser pago por seus três sócios, na proporção de suas quotas iguais, ou seja, R$ 5.000.000,00. Não houve, destarte, sacrifício extra dos sócios, pois eles só responderam pelo resíduo e não pela dívida toda. Em primeiro lugar, a cobrança das dívidas atingirá somente o primeiro lugar, a cobrança das dívidas atingirá somente o patrimônio da sociedade, ficando os sócios de lado. É o que garante o artigo 1.024:

> *Os bens particulares dos sócios não podem ser executados por dívidas da sociedade, senão depois de executados os bens sociais.*

A lei estabelece assim uma grade de proteção ao sócio, garantindo sua incolumidade enquanto durar a execução das dívidas da sociedade. Essa incolumidade encontra certas limitações: se a responsabilidade do sócio for solidária com a da sociedade, ou se houver incidência de infração legal ou fraudes previstas no artigo 50 do Código Civil ou no Código de Defesa do Consumidor e da Lei de Abuso do Poder Econômico.

8.3. Direitos dos credores dos sócios

O credor particular do sócio pode, na insuficiência de outros bens do devedor, fazer recair a execução sobre o que a ele couber nos lucros da sociedade, ou na parte que lhe tocar em liquidação. Se a sociedade não estiver dissolvida, pode o credor requerer a liquidação da quota do devedor, cujo valor apurado será depositado em dinheiro, no juízo da execução, até três meses após a liquidação. Outro ponto discutido há anos no direito brasileiro é esclarecido nessa disposição estabelecida pelo novo Código Civil. Seria possível penhorar as quotas de um sócio? Na verdade, a quota é um valor, um bem constante no patrimônio do devedor e, portanto, é um bem penhorável. A situação agora se apresenta sob dois aspectos:

1. O credor, ao executar a dívida do devedor que seja sócio de uma sociedade simples, poderá pedir a penhora dos lucros que couber a esse devedor, requerendo a adjudicação desses lucros para o abatimento da dívida.

2. Poderá pedir também da penhora da própria quota do devedor, devendo a sociedade apurar o valor econômico da quota, depositando em juízo o valor dela. O valor a ser depositado não é o valor nominal da quota, tal como consta no capital, mas o valor avaliado para ela.

Antes do Código Civil de 2002 a penhorabilidade da quota social era uma *vexata quaestio*, pois as opiniões doutrinárias eram díspares e contraditórias. As decisões jurisprudenciais também não se conciliavam. A situação ainda provoca discussões; alguns hermeneutas alegam que o artigo 1.026 não autoriza expressamente a penhora. Em nosso parecer, entretanto, esse artigo a autoriza, embora não afirme e vemos muitas bases para essa conclusão. O código não diz que pode, mas também não diz que não pode, e por um princípio jurídico, o que a lei não proíbe, permite, baseado no lema: proibir o abuso é consagrar o uso. Ao interpretar esse artigo, vamos transcrevê-lo:

> *O credor particular do sócio pode, na insuficiência de outros bens do devedor, fazer recair a execução sobre o que a este couber nos lucros da sociedade, ou na parte que lhe tocar em liquidação.*
>
> *Parágrafo único. Se a sociedade não estiver dissolvida, pode o credor requerer a liquidação da quota do devedor, cujo valor apurado na forma do art. 1.031, será depositado em dinheiro, no juízo da execução, até noventa dias após aquela liquidação.*

A quota social é um bem; faz parte do patrimônio pessoal do sócio; ele é o proprietário dela. Trata-se de um patrimônio lucrativo e a lei permite a penhora dos lucros que a quota propiciar; se a penhora recai sobre os lucros, tacitamente recai sobre a quota. Se o parágrafo único autoriza o credor do sócio a requerer a liquidação da sua quota está dando a ele um poder sobre ela. E como a lei fala em "execução" prevê a penhora, pois é uma das fases da execução.

Os cultores das duas teorias, vale dizer, da penhorabilidade e da impenhorabilidade da quota parecem certos, apesar do paradoxo. A confusão decorre da forma de interpretação adotada pelos hermeneutas: cada um olha por um ângulo, por diferente ponto de vista. Na análise desses pontos de vista, chegaremos a uma conclusão estável. Devemos então partir de uma distinção básica, que veremos adiante.

O sócio adquire dois tipos de direito quando subscreve a quota social: direito patrimonial e direito pessoal, com elementos próprios de cada tipo.

DIREITOS PATRIMONIAIS: esses direitos se concentram em dois grupos:

A. direito de participar dos lucros que a sociedade produzir, proporcionalmente ao valor de sua quota;

B. direito de participar do patrimônio da sociedade, caso seja liquidada, também na proporção do valor de sua quota.

DIREITOS PESSOAIS: são os decorrentes do *status socii*:

A. direito de escolher os administradores da sociedade e de ser ele próprio escolhido como administrador;

B. direito de examinar a contabilidade e fiscalizar os atos de administração;

C. direito de participar da vida da sociedade, ainda que não seja administrador.

Se for penhorada a quota do sócio devedor, ficam penhorados apenas os direitos patrimoniais, sem serem atingidos os direitos pessoais. Aliás, isto é o que se depreende da interpretação do artigo 1.016. Considere-se ainda que a sociedade limitada é essencialmente *intuitu personae*: o trabalho do sócio é da essência da sociedade; predomina a ação que ele exerce. Grande parte das sociedades limitadas é formada por pessoas da mesma família. Algumas não têm empregados: o trabalho é exercido pelos próprios sócios. Sendo sociedade *intuitu personae* os direitos pessoais dos sócios se realçam ainda mais, exigindo mais respeito. Se for penhorada a quota, o sócio vê enfraquecer a força dos direitos patrimoniais, mas os direitos pessoais permanecem firmes: ele continua dirigindo a empresa; seu trabalho continua essencial e poderá até transferir sua quota, embora a penhora continue com ela.

O credor do sócio adquire poderes sobre os direitos patrimoniais do sócio, mas não sobre os direitos pessoais, tanto que o credor não poderá substituir o sócio devedor na sociedade; não terá o direito de fiscalizar a administração da sociedade, votar e ser votado. Além disso, a própria sociedade poderá pagar a dívida, colocando o credor de lado e excluindo-o da relação jurídica. Se a quota for vendida em leilão, a sociedade poderá arrematá-la e ela poderá também ser arrematada por outro sócio. Não podendo adquirir os direitos pessoais do sócio devedor, o credor fica em situação de inferioridade perante os demais sócios.

Há outro aspecto da questão: o sócio devedor possui responsabilidade apenas subsidiária no tocante à sua quota. O credor deverá executar outros bens do devedor para obter a satisfação de seu crédito. Se o devedor não nomear bens à penhora e não forem encontrados outros bens, a insuficiência patrimonial do devedor deverá ser comprovada por certidão do Oficial de Justiça. Só depois dessa certidão poderá o credor tentar a penhora da quota.

8.4. Situação do novo sócio

Já falamos sobre os direitos, obrigações e responsabilidades dos sócios perante terceiros, mas há uma particularidade com referência ao novo sócio, o que não subscreveu o contrato social originário, o ato constitutivo da sociedade. Ele adquiriu sua quota de outra maneira: pode tê-la comprado de um sócio que saiu, pode tê-la recebido de herança, ou então ele a subscreveu em aumento de capital, aumentando o número de sócios. Fato é que ingressou na sociedade já constituída. Como fica sua posição perante as dívidas da sociedade, mesmo as já existentes antes de sua entrada?

O sócio admitido em sociedade já constituída não se exime das dívidas sociais anteriores à admissão. Não pode alegar que essas dívidas foram assumidas pela sociedade antes de sua entrada ou que ele não tenha concorrido para a formação delas. É uma questão de equidade: se ele adquire a quota, adquire direitos que ela dá; participa do patrimônio e de possíveis lucros que tenha obtido. Se ele se torna titular de direitos existentes antes de sua entrada, justo e lógico também que arque com a responsabilidade de dívidas anteriores.

Adquirir a quota de uma sociedade é como adquirir um automóvel, um imóvel ou qualquer outro bem, de segunda mão. Adquire uma propriedade, mas assume riscos, como impostos atrasados, dívidas vencidas ou a vencer, vícios redibitórios, penhora e outros gravames que possam onerar o bem comprado.

Quem compra uma quota compra uma empresa, com seus créditos e débitos. Uma empresa pode ter seu ativo aparente: estoques, imóveis, faturamento, dinheiro em caixa e em bancos, e outros bens. Ela pode também ter um imóvel, mas pesa hipoteca sobre esse imóvel. As novas disposições legais, expressas no artigo 1.025 do novo Código Civil, impõem, por esta razão, a responsabilidade a quem não adota cuidados ao entrar como sócio numa sociedade já existente.

8.5. Partilha da quota do sócio

Os herdeiros do cônjuge de sócio, ou o cônjuge do que se separou judicialmente, não podem exigir desde logo a parte que lhes couber na quota social, mas concorrer à divisão periódica dos lucros, até que se liquide a sociedade. A separação ou o divórcio de um sócio poderá perturbar a situação da sociedade. A quota de um sócio poderá ser dividida entre os dois pela partilha, passando o cônjuge a também ser sócio, por imposição legal. A fim de não romper a *affectio societatis* reinante nas sociedades personalizadas, o novo sócio assume poderes apenas se houver aceitação dos demais. Não havendo acordo geral, o cônjuge não pode exigir a entrega de sua quota, a não ser que a sociedade liberalmente a conceda. Como tem direito à quota, entretanto, perceberá os lucros correspondentes a ela.

Outra situação semelhante ocorre: um sócio é casado e seu cônjuge falecido. A metade da quota, correspondente à meação do cônjuge falecido, fica para os filhos, que passam a auferir os lucros proporcionais à sua parte no capital, mas não podem exigir a devolução da quota.

A sociedade é um organismo vivo, que nasce, desenvolve-se, transforma-se e morre, como se fosse um ser vivo. Nasce com o registro no órgão competente e durante sua vida passa por inúmeras mutações: aumenta seu capital, substitui algum sócio por outro, muda-se para outro endereço, amplia seu objeto social; tudo é detalhado no seu órgão de registro, mais precisamente, tudo é averbado nesse registro. Entre essas mutações, há dois tipos causados por acontecimentos ocorridos na vida pessoal dos sócios e que mereceram a atenção da lei. São as consequências decorrentes da morte de um sócio ou de sua separação conjugal.

Nota-se no espírito do novo código o interesse pela preservação da sociedade, ante as mutações que ela possa sofrer. Evitam-se abalos que possam atingi-la em decorrência de eventos referentes a seus sócios. Vamos levantar uma hipótese: morre um sócio que era viúvo e deixou três filhos, todos casados. Um deles, porém, faleceu deixando viúva, que passou a ser titular de direitos emergentes da quota; ela ficou com parcela daquela quota. Qual será a intenção dessa viúva como nova quotista? Poderá haver problemas e dificuldades para a sociedade? Estará ameaçada sua existência?

É possível que a solução desse problema esteja prevista no contrato social, o que realmente deveria ter acontecido, contudo, é o que nem sempre acontece e, na ausência de previsão contratual, a solução é procurada na lei. Se a lei não estabelece as hipóteses de solução, pelo menos deixa claro que a continuidade da sociedade deve prevalecer ante os acontecimentos que possam afetá-la. Assim, torna-se necessário liquidar a quota do falecido, para satisfazer os direitos dos herdeiros; só a quota e não a sociedade. Por isso, o artigo 1.027 limita as exigências de herdeiros, como se vê:

Os herdeiros do cônjuge de sócio, ou o cônjuge do que se separou judicialmente, não podem exigir desde logo a parte que lhes couber na quota social, mas concorrer à divisão periódica dos lucros, até que se liquide a sociedade.

O falecimento de um sócio não perturba a *affectio societatis*, uma vez que seus herdeiros e sucessores, como a esposa, herdam os direitos patrimoniais, mas não os pessoais. Destarte, a meeira da quota poderá ser recusada como sócia pelos demais sócios, se ela não gozar da mesma confiança que seu marido despertava nos demais. Cabe-lhe, entretanto, o direito de apurar o valor de sua meação, podendo transferi-la aos demais sócios. Poderá transferi-la para um terceiro, se ele for aceito pelos outros sócios.

9. DA RESOLUÇÃO DA SOCIEDADE EM RELAÇÃO A UM SÓCIO

9.1. Consequências da morte de sócio

9.2. A retirada de sócio

9.3. A exclusão de sócio

9.4. Avaliação do valor econômico da quota

9.5. Responsabilidade dos ex-sócios

9.1. Consequências da morte de sócio

No caso de morte de sócio, sua quota será liquidada, salvo:
I. Se o contrato dispuser diferentemente.
II. Se os sócios remanescentes optarem pela dissolução da sociedade.
III. Se, por acordo com os herdeiros, regular-se a substituição do sócio falecido.

Resolveu-se um drama que há muito afligia o Direito Societário: a morte de um sócio. Abrem-se agora várias soluções. O problema não seria angustiante se o contrato social apontasse a solução. Ficou, então, prevalecendo a autonomia da vontade: o contrato social é a vontade dos sócios e a situação será resolvida de acordo com o disposto no contrato.

Se o contrato da sociedade for omisso a este respeito, a sociedade não se dissolve com a morte de um sócio, mas apenas a quota pertencente ao *"de cujus"*. Dissolve-se a sociedade se todos os sócios assim decidirem, mas não por imposição legal. Poderá haver outra saída para evitar a liquidação do sócio falecido: todos os sócios entendem-se com os herdeiros, escolhendo um substituto do finado.

Predomina no caso de morte de sócio o princípio da continuidade da empresa, tendo em vista os benefícios sociais que ela proporciona à coletividade, e, como organismo útil, deve ser preservada.

Não se dissolve a sociedade, mas a quota do sócio falecido, mesmo assim, não é obrigatória a dissolução da quota, abrindo a lei várias oportunidades para que não ocorra. A lei privilegia a vontade dos sócios que se manifesta no contrato social, que tem amplos poderes para decidir a este respeito. Urge então que os sócios deliberem amplamente na formação do contrato social. Para as sociedades anteriores ao Código Civil, é conveniente reformar o contrato já registrado, aproveitando as propostas de solução que o Código apresenta. Mais precisamente, os sócios devem redigir cuidadosamente uma cláusula, definindo como ficará a sociedade quando falecer um dos sócios, ou até se falecerem todos os sócios, o que não está fora de cogitação.

A dissolução da sociedade é possível, mas desde que os sócios remanescentes desejarem. É possível que o sócio falecido fosse a pedra angular sobre a qual giravam as atividades empresariais da sociedade; sem ele a sociedade perde muito de sua força; os sócios supérstites não se sentem seguros em dirigir as operações sociais. Decidem então dissolver a sociedade, indo cada um pelo seu lado. Liquidam-se os bens sociais, divide-se o dinheiro apurado e cancela-se o registro na Junta Comercial. Não se deve perder de vista que a sociedade limitada é normalmente uma sociedade de pessoas, em que a pessoa do sócio tem papel preponderante sobre ela. Assim sendo, é natural que a morte do sócio a abale profundamente, a ponto de tornar-se conveniente o seu fim.

Outra solução será o acordo a ser feito entre os sócios e os herdeiros do sócio falecido a respeito da quota e da sucessão. Poderia, por exemplo, ser escolhido um substituto do falecido por um dos herdeiros, elaborando-se um aditivo ao contrato social e registrando-o. Poderá também a quota ser dissolvida, pagando-se aos herdeiros seu valor. É bom ressaltar que as disposições legais sobre esse assunto, expressas no artigo 1.028 do Código Civil, consubstancia uma norma dispositiva, ou seja, a lei dá às pessoas privadas amplos poderes para resolver a questão se elas nada decidirem, optarão, destarte, para solução legal apontada nesse artigo.

Todavia, o poder de decisão por parte dos sócios e dos herdeiros do falecido encontram algumas limitações legais, tornando o problema mais complexo do que parece. A quota do sócio falecido é um bem componente do seu espólio e, portanto, está inserido no Direito das Sucessões. Além do mais, estará sujeita a possíveis divergências entre seus herdeiros. A quota pertencerá ao espólio, que será representado pelo inventariante. O espólio adquire os direitos patrimoniais da quota, mas não os direitos pessoais, motivo pelo qual ele não se torna sócio, o que iria complicar barbaramente a vida da sociedade.

Surge agora uma possível questão: a sociedade tem dois sócios e ambos morrem simultaneamente num desastre, ficando a sociedade sem sócios. O Código Civil, no artigo 1.028, previu a resolução da sociedade em relação a um sócio, mas não a todos. Raramente os contratos de constituição de sociedade trazem essa hipótese e os que se formarão doravante precisam evitar essa omissão. Ante o que foi exposto, ressaltamos a necessidade do maior cuidado na redação das cláusulas contratuais, prevendo soluções para os potenciais problemas que surgirão na vida da sociedade. Na ausência dessa previsão, somos de parecer que devem ser invocadas as normas do artigo 1.028, embora fale na *morte de sócio*, mas julgamos aplicáveis à *morte dos sócios*.

9.2. A retirada de sócio

Além dos casos previstos na lei ou no contrato, qualquer sócio pode retirar-se da sociedade; se de tempo indeterminado, mediante notificação aos demais sócios, com antecedência mínima de dois meses; se de prazo determinado, provando judicialmente justa causa. Nos trinta dias subsequentes à modificação podem os demais sócios optar pela dissolução da sociedade. Estabeleceram-se diversos trâmites, conforme for a constituição da sociedade, a tempo indeterminado ou a prazo. Discordamos da redação do artigo 1.029, que estabeleceu essa disposição quanto a um pormenor: prazo é sempre um tempo determinado, não se podendo falar em prazo indeterminado, mas tempo indeterminado. Tempo determinado corresponde a prazo.

Por um preceito constitucional e um princípio da filosofia popular, ninguém pode ser obrigado a entrar numa entidade de utilidade pública e, se estiver nela, não será obrigado a ficar. Certa vez o presidente de uma assembleia disse a todos: os incomodados se retirem e os acomodados permaneçam. É o consagrado direito de ir e vir; ninguém está obrigado a fazer ou não fazer alguma coisa senão em virtude da lei. Por isso, ninguém é obrigado a fazer parte de uma sociedade, a não ser que deseje ficar nela. Após fazer parte dela, não será obrigado a permanecer.

Se for seu desejo sair, o sócio tem duas opções. Em primeiro lugar pela venda de sua quota, ou seja, pela alienação de sua participação societária. A venda da quota é um contrato de compra e venda, bilateral, assim considerado entre duas pessoas: o sócio-vendedor e o comprador postulante a sócio. A sociedade não participa da negociação: é objeto dela e não parte. É possível que o comprador seja um sócio, que assim amplia sua participação societária. A sociedade não ganha e nem perde, por não ser parte no negócio. A dificuldade que a lei oferece a essa saída é que ela fica condicionada à entrada de novo sócio, o que implicará a concordância dos demais sócios.

O segundo modo para a saída voluntária do sócio é o exercício da faculdade, conferida pela lei, de retirar-se. É o seu direito de recesso (*recessus*, de *recedere* = voltar atrás, sair), também chamado direito de retirada. Não é um contrato, mas declaração unilateral de vontade, o exercício de um direito. Alguns juristas, entretanto, consideram a saída como resilição parcial do contrato, pois a alteração do contrato social, por instrumento a ser assinado por todos os sócios, inclusive o que está saindo. Vejamos, porém, como se processa a retirada.

Por tempo determinado

Se a sociedade é constituída para se dissolver num dia determinado, ou seja, a prazo, já está marcada a data da saída do sócio e resta a ele esperar esse dia que ele próprio escolheu. Se tiver, porém, justa causa para a retirada, poderá invocá-la em juízo, cabendo-lhe o ônus da prova. Esta possibilidade é mais difícil de acontecer, uma vez que é bem rara a existência de sociedade por tempo determinado. Ocorre, às vezes, na construção e venda de um edifício de apartamentos; completado o planejamento no tempo determinado, a sociedade cumpriu seu papel e não tem mais razão para continuar. Além disso, normalmente o prazo deve ser relativamente curto e se for solucionado por processo judicial, o tempo de duração da sociedade é geralmente mais breve do que o deslinde do processo.

O sócio que abandonar suas funções nessas circunstâncias causará sérios traumas administrativos. Impõe-se causa justa para que ele possa ter essa faculdade. A situação da sociedade, neste caso, é mais delicada, pois a empresa tem atividade programada para determinado tempo, prevendo os recursos materiais e humanos necessários, como, por exemplo, se houver quebra de compromissos contratuais por parte dos demais sócios. As medidas preconizadas pela lei, todavia, criam condições desfavoráveis para ambas as partes: para a empresa ter que tolerar a presença de um sócio dissidente; para o sócio ter que permanecer vinculado a uma empresa que não lhe agrada. Enquanto não houver decisão judicial, permanece a situação instável e constrangedora.

Por tempo indeterminado

Para a sociedade sem prazo, a resolução parcial é mais simplificada, por não estar comprimida no tempo. Por isso, não há necessidade de justa causa para a retirada do sócio, bastando-lhe notificar os demais sócios com a antecedência mínima de 60 (sessenta) dias. A lei não exige notificação judicial, podendo ser notificação não formal, porém eficaz. A notificação imotivada poderá, portanto, ser feita de qualquer modo, quer judicial, quer extrajudicial, mas de forma tal que permita aos demais sócios ficarem comprovadamente sabendo da vontade do sócio de não mais manter o vínculo com a sociedade.

É justificável o disposto no parágrafo único do artigo 1.028, prevendo que, no prazo de trinta dias, após o recebimento da notificação, os demais sócios possam pedir a dissolução total da sociedade. E podem ocorrer vários casos em que a dissolução se torne conveniente. É possível que o recesso seja pedido pelo sócio majoritário, assim considerado o que detiver a quota de maior valor. A dissolução pode ser feita por consenso entre os sócios remanescentes, evitando a dissolução judicial.

9.3. A exclusão de sócio

Pode o sócio ser excluído judicialmente da sociedade, mediante a iniciativa da maioria dos demais sócios, por falta grave no cumprimento de suas obrigações ou, ainda, por incapacidade superveniente. Será de pleno direito excluído o sócio declarado falido, ou aquele cuja quota tenha sido liquidada devido à execução de suas dívidas particulares. Os sócios poderão, por iniciativa própria, eliminar algum sócio que considerarem nocivo aos interesses sociais. Pode o sócio tornar-se inconveniente em vista de comportamento lesivo à empresa, ou então, se houver posteriormente alguma incompatibilidade, como se ele for declarado interdito. Em casos assim, a exclusão ocorre mediante ação judicial.

Quanto à situação do sócio que tiver sua falência decretada, o motivo é a consequência legal. A falência determina a arrecadação dos bens do falido, para formar a massa falida. O sócio falido perde a titularidade de sua quota e, portanto, deixará de ser sócio. O mesmo ocorre se a quota da sociedade for penhorada em razão de execução do credor do sócio; ele não perde os direitos de propriedade da quota, mas perde sua disponibilidade. Convém ainda esclarecer que o sócio falido não é o sócio de alguma empresa falida; ele era empresário individual inscrito no Registro de Empresas, com o próprio nome. Não se considera falido o sócio de uma sociedade que tenha tido sua falência decretada, pois quem faliu foi a sociedade e não os seus sócios.

A exclusão se faz de forma independente da vontade do sócio, mas por vontade dos demais sócios. Tínhamos examinado no item anterior os casos de afastamento de sócio por sua livre iniciativa. Estamos agora examinando o afastamento do sócio à sua revelia ou não por sua iniciativa, e sim pela iniciativa dos demais sócios, que poderão agir por sua vontade, ou amparo da lei, ou premidos pela lei, como acontece com o sócio que tiver sua falência decretada. Vamos examinar essas hipóteses, que são seis, sendo três tipos de motivação: legal, judicial e convencional, de acordo com o quadro abaixo:

Legal	Falência do sócio
	Liquidação da quota
Judicial	Falta grave no cumprimento de suas obrigações
	Incapacidade superveniente
Convencional	Deslealdade
	Remissão

Legal

Falência

O afastamento do sócio declarado falido é imposto pela lei e os demais sócios devem acatá-la, providenciando a alteração contratual no registro da sociedade. Afora a prescrição legal, há razões de ordem ética para esse afastamento; nenhum banco ou fornecedor iria confiar numa empresa em que haja sócio falido; sua assinatura num contrato poderia ser contestada; os lucros obtidos por ele na sociedade deverão ser arrecadados pela Justiça.

Quando se fala em falência de sócio estamos nos referindo ao *empresário individual*, isto é, uma pessoa física, que se registra na Junta Comercial para exercer atividade empresarial em nome próprio. Este empresário individual pode ser sócio de outras empresas, ainda que esteja operando com sua firma, vale dizer, em seu nome. Se uma dessas empresas tiver sua falência decretada, sua *firma individual* não sofre alteração. Não foi ele quem faliu, mas uma empresa da qual era sócio. São personalidades jurídicas diferentes.

Entretanto, pode ser decretada a falência de sua empresa individual, de sua firma. A situação, neste caso, é bem diferente: todos os seus bens são arrecadados, para formar a massa falida, inclusive a quota da sociedade. Quem representará essa quota perante a sociedade é o síndico da falência. O empresário falido perde a titularidade da quota; não pode exercer os direitos que ela confere. Assim sendo, estará suspenso de suas funções.

Liquidação da quota

Já examinamos o direito de um credor executar bens particulares do sócio de uma empresa. Sendo a quota um bem, o credor poderá requerer a liquidação dessa quota, apurando-se os lucros e vendendo-a a outro sócio, depositando os valores apurados na conta judicial do credor. O sócio fica, destarte, sem a sua quota, deixando, portanto, de ser sócio.

Judicial

Falta grave no cumprimento de suas obrigações

Esta é a segunda forma de exclusão judicial de sócio, além da liquidação da quota. Surge da iniciativa dos sócios, quando um deles revela comportamento prejudicial aos interesses da sociedade. Não estabelece a lei os parâmetros para a revelação desse comportamento inconveniente, mas se sabe de antemão que afeta a *affectio societatis*, fazendo com que o sócio faltoso perca a confiança dos demais. As obrigações dos sócios constam dos arts. 1.001 a 1.009 do Código Civil. Pode haver cláusulas no contrato social, proibindo a sociedade de exercer outras atividades empresariais, mormente se for concorrência com ela própria. Poderá o sócio ter divulgado segredos industriais, ou seja, assunto que a sociedade considera como confidencial, o que poderá ser considerado falta grave para os demais sócios. Ele poderá ter usado bens da empresa, como veículos, em atividades particulares ou favorável a outra empresa. Poderá ter dado aval em nome da sociedade, a favor de outra empresa.

Os sócios têm a faculdade de requerer judicialmente a exclusão do sócio faltoso, mas não podem excluí-lo por conta própria. Eles têm a iniciativa para propor a demanda, mas a exclusão se dará pela sentença do juiz. Por isso é chamada de exclusão judicial.

Segundo o art. 1.030, a exclusão se dá por iniciativa da maioria dos demais sócios, subtendendo-se que representem mais de 50% do valor do capital. Há, porém, um aspecto: suponhamos que haja sociedade com quatro sócios com sua quota no capital: Paulo tem 60% do capital, Modestino, Gaio e Ulpiano 10% cada um. Os três últimos acham que Paulo cometeu falta grave e querem excluí-lo; mas Paulo tem 60% dos votos e terá maioria na votação. Os três sócios minoritários não têm possibilidade de obter mais de 50% dos votos. Como ficará a situação?

No nosso modo de ver, não há possibilidade de exclusão de Paulo. Cabe aos demais o poder de iniciativa judicial, propondo a dissolução da sociedade; tecnicamente não há outra solução. Pode ser que Paulo tenha praticado falta grave em detrimento da sociedade, mas ele é sócio majoritário e, portanto, o mais prejudicado. Fica a interpretação a cargo do juiz, que poderá invocar o princípio da continuidade da empresa. Paulo está procedendo de forma temerária, agindo contra os interesses da empresa e rompendo o cordão umbilical que deve unir os sócios: a *affectio societatis*. Urge que esta situação seja contornada, com o afastamento do sócio faltoso, ainda que majoritário. É a fórmula de salvação da empresa. Ficará arredada a disposição do artigo 1.030: *mediante iniciativa dos demais sócios*, apelando-se para os princípios gerais do direito. É, contudo, bem inseguro o sucesso dessa hipótese.

Em nosso parecer, a falta grave no cumprimento de suas obrigações deve ser provada em juízo, devendo contar com sua aceitação pelo juiz. Como o processo é dirigido contra o sócio faltoso, ele deverá ser citado e poderá defender-se. O rito normal da ação deverá ser o ordinário, o que significa que será moroso. Enquanto isso, permanecerá o ambiente constrangedor, de conviverem numa mesma sociedade pessoas sem a *affectio societatis*. Outrossim, o ônus da prova cabe a quem alega e compete aos sócios provarem a falta grave cometida pelo sócio acusado.

Incapacidade superveniente

É outro caso de exclusão judicial por iniciativa da maioria dos demais sócios, mas, da mesma forma que o caso anterior, cabe aos sócios o direito à iniciativa e não à exclusão, que deve ser concretizada por decisão do juiz. Ao falar em incapacidade superveniente a lei quer dizer que, ao constituir a sociedade, o sócio era capaz, pois se fosse provada sua incapacidade, o contrato poderia ser anulado e os sócios poderiam ser responsabilizados. A incapacidade pode ser absoluta ou relativa, tal como consta dos artigos 4º e 5º do Código Civil, e deve ser provada com sentença judicial de interdição.

Justifica-se essa faculdade, reservada aos demais sócios para eliminar o sócio declarado incapaz. Não pode ele exercer atos da vida civil, principalmente o exercício de atividades empresariais. Além de se tornar inútil à sociedade, poderá comprometê-la por praticar atos cuja nocividade ele desconhece. Trata-se, porém, de exclusão judicial e dependerá de processo na Justiça, em que o interdito poderá defender-se, representado por seu representante legal.

Convencional

Remissão

O primeiro dever do sócio deverá ser o de contribuir financeiramente para a formação do capital da sociedade, pelo menos com uma quota pelo mínimo valor. Embora faculte a lei que a contribuição do sócio possa ser feita em bens ou serviços transformáveis em dinheiro, só em casos excepcionais essa prática se exerce. É o cumprimento de um compromisso assumido pelo sócio à sociedade, chamado subscrição. No momento da constituição da sociedade, o sócio tem um capital subscrito. Quando paga, fica com o capital integralizado. Se ele deixar de cumprir sua obrigação, isto é, deixar de integralizar o capital, será um sócio remisso, vale dizer, um inadimplente, um negligente (*remittere* = negligenciar). A integralização é, pois, o cumprimento da obrigação assumida pela subscrição.

O sócio remisso estará sujeito a várias sanções, inclusive exclusão do quadro social. A remissão ocorre quando o sócio subscreve o capital, mas não paga a contribuição a que se obrigou. A sociedade poderá tomar contra ele várias medidas: os demais sócios, por sua maioria, poderão executá-lo, exigindo a contribuição social, ou poderá cancelar sua quota. Poderá ainda excluir o sócio remisso da sociedade, transferindo sua quota para outrem. Não haverá necessidade de processo judicial, sendo por isso decisão convencional, ou seja, tomada por convenção entre os sócios.

Deslealdade

A exclusão por deslealdade não está prevista no capítulo referente à Sociedade Simples, mas no art. 1.085, regulamentando a Sociedade Limitada. Essa disposição, contudo, aplica-se à Sociedade Simples, da mesma forma como as normas da Sociedade Simples se aplicam à Sociedade Limitada. Quando a maioria dos sócios, representativa de mais da metade do capital social, entender que um ou mais sócios estão pondo em risco a continuidade da empresa, em virtude de atos de inegável gravidade, poderá excluí-lo da sociedade, mediante alteração do contrato social, desde que prevista nele a exclusão por justa causa.

Há uma característica importante nesse tipo de exclusão: ela deverá estar previsto no contrato social, no que difere das demais formas de exclusão. Como esse sistema foi introduzido pelo novo Código Civil, acreditamos que o contrato social das sociedades constituídas anteriormente não deve trazer essa cláusula. Urge, portanto, que ela seja inserida em todos os contratos antigos. Quanto aos novos contratos, deve ser incluída a cláusula permissiva de demissão extrajudicial do sócio desleal, por justa causa. Não havendo essa cláusula, a exclusão do sócio deverá ser judicial.

Esse esquema só deve atingir o sócio minoritário, pois o quórum necessário para essa exclusão é de mais de 50% do capital social. Se o sócio for majoritário, dificilmente poderá ser excluído, embora seja possível. Assim, Ulpiano tem 40% do capital, havendo mais seis sócios, cada um com 10%. Malgrado seja majoritário, Ulpiano poderá ser excluído, pois os demais representam 60% do capital.

O comportamento do sócio desleal, que pode constituir justa causa para exclusão, não está descrito na lei, devendo ser examinado cada caso *in concretu*, vale dizer, ser analisado cada caso concreto, com suas características. Entretanto, o Código estabelece um parâmetro mais elevado: se o sócio *puser em risco a continuidade da empresa, em virtude de atos de inegável gravidade*. Baseia-se também essa disposição legal no princípio da continuidade da empresa; a prática de qualquer comportamento por um sócio ou alguns sócios, que possa abalar a estabilidade da empresa, pode constituir a justa causa para sua exclusão.

A exclusão somente poderá ser determinada em reunião ou assembleia especialmente convocada para esse fim, ciente o acusado em tempo hábil para permitir seu comparecimento e o exercício do direito de defesa. Há, dessa forma, o freio ao poder discricionário da maioria dos sócios, ao agir contra um minoritário. Se assim não fosse, os minoritários estariam à mercê do bel talante dos majoritários. As prevenções contra o possível abuso contra a parte mais fraca consta principalmente de cinco medidas:

- a presença no contrato social de cláusula permissiva da exclusão por deslealdade;
- a existência comprovada de justa causa para a exclusão;
- a decisão da maioria do capital social deve ser tomada em reunião dos sócios;
- deve ser assegurada a presença e a defesa por parte do sócio acusado;
- o sócio excluído tem o direito ao reembolso da parte que lhe cabe.

Decidida a exclusão, os sócios deverão elaborar o instrumento de alteração contratual, averbando-o no Cartório de Registro Civil de Pessoas Jurídicas.

9.4. Avaliação do valor econômico da quota

Nos casos em que a sociedade se resolver em relação a um sócio, o valor de sua quota, considerado pelo montante efetivamente realizado, será liquidado, salvo disposição contratual em contrário, com base na situação patrimonial da sociedade, à data da resolução, verificada em balanço especialmente levantado para esse fim. Nesse caso, o capital social sofrerá a correspondente redução, salvo se os demais sócios suprirem o valor da quota. A quota liquidada será paga em dinheiro, no prazo de três meses, a partir da liquidação, salvo acordo ou estipulação contratual em contrário.

A questão retrocitada, importante e delicada, fica resolvida pela nova disposição do CC. A possibilidade de liquidação da quota evita a liquidação da sociedade, razão porque essa inovação é das mais louváveis da instituição do novo Código Civil de nosso país. Seja porque o sócio faliu, seja porque faleceu, foi declarado interdito, discordou dos demais sócios e quis retirar-se, ou outro sério motivo deve sair da sociedade, nem por isso deve ela sofrer abalo. As soluções para o problema são agora amplamente expostas e a própria forma de apuração da quota tem algumas normas estabelecidas pela regulamentação que o CC dá à sociedade.

Para liquidar-se uma quota não se pode tomar por base seu valor nominal, mas a situação econômica da sociedade. Se a sociedade teve pesado prejuízo no exercício ou se tiver prejuízos acumulados, a quota deve ser depurada. Se não, quando uma sociedade estiver patrimonialmente abalada, qualquer sócio procuraria retirar-se. Em contrapartida, se o sócio tiver lucros suspensos ou um patrimônio ativo valorizado, o valor nominal da quota seria bem menor do que o valor econômico. Haveria uma distorção da realidade econômica da sociedade, criando-se uma situação artificial.

Para se avaliar o valor econômico da quota, haverá necessidade de se levantar o balanço patrimonial da sociedade, por ocasião da liquidação. Apurado o valor econômico da quota, seu pagamento irá proceder a quem de direito, no prazo de três meses, em dinheiro.

A retirada da quota do capital provocará um vazio, cuja solução caberá aos demais sócios restantes. Seu capital poderá ser diminuído, abatendo-se o valor da quota liquidada ou adquirirão essa quota, mantendo o capital inalterado.

Em resumo, podemos dizer que a liquidação da quota do sócio excluído, por qualquer motivo, obedece aos seguintes fatores:

A. O valor da quota deverá ser apurado em balanço levantado para esse fim, na data da resolução, isto é, da liquidação;

B. Deve ser considerado o montante efetivamente realizado e com base na situação patrimonial da sociedade, naquele momento;

C. O capital da sociedade sofrerá a correspondente, a menos que os sócios supram o valor dela;

E. Serão respeitadas as disposições existentes no contrato social a este respeito.

Apesar de as disposições legais estabelecerem os critérios de liquidação da quota do sócio remisso, excluído, ou de recesso, a autonomia da vontade é respeitada como princípio. Dessa forma, o contrato social, interpretando a vontade dos sócios, estabelece alguns critérios próprios para a liquidação. Igualmente, por decisão dos sócios envolvidos, poderá haver acordo para facilitar a tarefa da própria sociedade. Por exemplo, o reembolso da quota deve ser em dinheiro; é o que diz a lei. Todavia, o sócio retirante pode concordar em receber uma nota promissória, referente ao valor apurado da quota; poderia também receber esse valor em mercadorias e outros bens.

9.5. Responsabilidade dos ex-sócios

A retirada, exclusão ou morte do sócio não o exime, ou a seus herdeiros, da responsabilidade pelas obrigações sociais anteriores, até dois anos depois de averbada a resolução da sociedade; nem nos dois primeiros caos, pelas posteriores e em igual prazo enquanto não se requerer a averbação. Aperta-se assim o cerco para se evitar fraudes com a entrada e saída de sócios. O sócio que se retira não poderia ficar isento de responsabilidade pelas obrigações da Sociedade Simples, pois os ratos sempre abandonam o navio quando ele estiver prestes a afundar-se. Oferecem-se duas situações diferentes:

Retirada ou exclusão de sócio

O sócio retirante ou excluído continua responsável pelas obrigações da sociedade, assumidas por ela antes da retirada ou exclusão, durante o período de dois anos, a partir da averbação no Cartório de Registro Civil de Pessoas Jurídicas. Fica o sócio liberado após esse período. Entretanto, a averbação deve ser promovida com urgência, uma vez que, enquanto não for averbada, a obrigação assumida pela sociedade nesse período vincula esse sócio.

Morte do sócio

O patrimônio do sócio entra no espólio, incluindo-se a quota, que é um bem componente do patrimônio do *de cujus*. Neste caso, o espólio fica responsável pelas obrigações da sociedade, pelo mesmo período.

Assentam-se essas disposições em vários princípios, mormente o Princípio da Segurança Jurídica. Visa a dar segurança jurídica aos componentes da coletividade que mantém relações jurídicas com a sociedade, garantindo-a contra possíveis fraudes proporcionadas pelo sócio desonesto, que se retira dela para deixar a descoberto seus credores. Por outro lado, procura resguardar o sócio honesto que se retira da sociedade, estabelecendo um limite de tempo para suas responsabilidades, evitando a eternização de suas obrigações.

Nota-se que o Princípio da Segurança Jurídica às vezes é arranhado, principalmente nos créditos tributários e trabalhistas. A Justiça do Trabalho alegou muitas vezes que a legislação trabalhista é especial e não estabelece limite temporal dos sócios pela responsabilidade das dívidas de sua empresa. As regras da Sociedade Simples aplicam-se só para ela, e normalmente a demandada nos feitos trabalhistas é sociedade empresária, e não se poderia fazer distinção entre elas.

Entendem outros tribunais trabalhistas que a responsabilidade do sócio retirante abrange aqueles dois anos de carência da responsabilidade. Assim, um sócio retira-se em 31.1.2002, data da averbação, de sua saída, no Cartório. Terminaria sua responsabilidade em 31.1.2004. Entretanto, as dívidas da sociedade nesses dois anos, ou seja, de 31.1.2002 a 21.1.2004, ficam sob sua responsabilidade. Por exemplo, um débito de 15.1.2004 foi feito no período da responsabilidade e, portanto, se transmite a ele. Além do mais, a sociedade foi condenada a pagar o débito trabalhista em 15.1.2004, mas o direito adquirido pelo empregado se deu muito antes dela, inclusive no tempo em que o sócio estava na empresa.

A opinião unânime dos hermeneutas ouvidos é a de que não se deve arredar as normas do Código Civil no julgamento das questões trabalhistas. O Direito Civil é o núcleo do direito, é lei superior às demais leis e os outros ramos são derivativos e modalidades. O Código Civil é lei superior que paira sobre todas as outras. Se assim não fosse, não haveria direito, mas direitos, compartimentos estanques, sem unidade e muitas vezes conflitantes. Portanto, vigora o disposto no art. 1.031 do Código Civil no que tange à responsabilidade do sócio retirante da sociedade, que se aplica nos vários campos do direito, conforme se vê no art. 1.032:

> A retirada, exclusão ou morte do sócio, não o exime, ou a seus herdeiros, da responsabilidade pelas obrigações sociais anteriores, até 2 (dois) anos após averbada a resolução da sociedade; nem nos dois primeiros casos, pelas posteriores e em igual prazo, enquanto não se requerer a averbação.

Esse artigo é bastante claro quando diz responsabilidade **pelas obrigações sociais anteriores**; portanto, só as dívidas existentes no momento em que é feita a averbação, no Cartório, da saída do sócio. As obrigações posteriores à sua saída não se inserem na responsabilidade. Não há dúvida, também, que o ponto inicial para a contagem dos dois anos é a averbação da saída.

A responsabilidade dos sócios não é solidária. Primeiro devem ser excutidos os bens da sociedade; se esta não os tiver ou eles forem insuficientes, poderão ser excutidos os bens particulares do sócio retirante, e, repetimos, no período de dois anos após a averbação de sua retirada. Passado esse prazo, cessa a responsabilidade em termos de dissolução e liquidação da sociedade.

Todavia, se houver dissolução parcial da sociedade, com a retirada do sócio que vende a sua quota, ou seja, que a cede para outro, que se torna sócio, a situação é bem diferente. O cedente responde solidariamente com o cessionário pelas obrigações existentes na cessão da quota, no mesmo período de dois anos. Os critérios são os mesmos, mas a responsabilidade é solidária. Evita-se assim a entrada de *laranjas* na empresa. É o que está expresso no art. 1.003.

Quanto aos débitos tributários da sociedade, tem havido excessivo rigor do Poder Público, incluindo em processos a responsabilidade de ex-sócios, mas há jurisprudência sugestiva, excluindo-a. O sócio que se retira do quadro social, antes da constituição do débito tributário, não responde pelo seu pagamento. Se o débito tributário foi lançado quando o sócio ainda estava na sociedade, aplica-se a regra do art. 1.032, ou seja, permanece a responsabilidade no período de dois anos depois da saída.

10. EXTINÇÃO DA SOCIEDADE: DISSOLUÇÃO E LIQUIDAÇÃO

10.1. Causas e fases da dissolução

10.2. Expiração de prazo

10.3. Consenso dos sócios

10.4. Deliberação dos sócios, por maioria absoluta, na sociedade por tempo indeterminado

10.5. Falta de pluralidade de sócios, não reconstituída no prazo de seis meses

10.6. Ausência de autorização oficial

10.7. Dissolução judicial

10.8. Previsão contratual

10.9. Nomeação do liquidante

10.10. A liquidação da sociedade limitada

10.11. A partilha

10.1. Causas e fases da dissolução

Tudo o que é terreno é efêmero; diz a Igreja que só Deus é eterno. Tudo tem um fim e as causas desse fim: as causas subjacentes e as causas aparentes. Como tudo que é terreno, a sociedade limitada terá seu fim, como todas as outras sociedades, com suas causas aparentes na lei. As causas subjacentes podem ser encontradas no princípio de que tudo passa. Além disso, uma empresa tem seu ciclo; ela nasce, evolui, declina e morre. Tem o alvo em mira e luta para atingir essa meta e muitas vezes a ultrapassa; ao ultrapassá-la, os germes de sua destruição começam a corroê-la.

Inúmeros são os exemplos de grandes organizações que ultrapassaram suas metas, mas não conseguiram livrar-se das consequências do sucesso. Vamos citar o acontecido com a Varig. Nasceu obscuramente no sul do Brasil e foi crescendo até engolir as empresas concorrentes e tornar-se a única no país, iniciando sua projeção no exterior do Brasil. O sucesso e a grandeza foram corroendo suas entranhas de várias maneiras, até reduzi-la à insolvência, com enormes prejuízos ao Poder Público, à coletividade e, mormente, aos próprios empregados. Idêntico fenômeno ocorreu com as Indústrias Matarazzo, pioneira da industrialização do Brasil, transformando-se no maior conglomerado industrial, com projeção internacional, terminando melancolicamente. Outros exemplos foram dados pelos maiores magazines do Brasil, a Mesbla e o Mappin, transformando-se em "araras" (empresas preparadas para quebrar).

Constituir uma sociedade é tarefa relativamente fácil, mas extingui-la é bastante difícil. Naturalmente, ela assume muitas obrigações e se constitui num centro de interesse; sua desagregação provoca conflitos vários e nem sempre de solução fácil e rápida. Há, também, na sua dissolução o interesse público, como o recolhimento de impostos, a perda de um contribuinte, a filiação da sociedade a diversos órgãos públicos, dos quais necessitará desvencilhar-se antes de dissolver-se. Não se admira, pois, que as leis imponham exigências na dissolução de complicado centro de interesses.

As causas aparentes do fim da sociedade limitada estão expressas no art. 1.033 e seguintes, e 1.087 do Código Civil, estabelecendo bases que se aplicarão também a outras sociedades. Em linhas gerais, os acontecimentos determinantes são os seguintes:

Dissolve-se a sociedade quando ocorrer:

1. O vencimento do prazo de duração, salvo se, quando vencido e sem oposição de sócio, não entrar a sociedade em liquidação, caso em que se prorrogará por tempo indeterminado;
2. O consenso unânime dos sócios;
3. A deliberação dos sócios, por maioria absoluta, na sociedade por prazo indeterminado;
4. A falta de pluralidade de sócios, não reconstituída no prazo de seis meses;
5. A extinção, na forma da lei, de autorização para funcionar.

A extinção da sociedade opera-se em duas fases: a dissolução e a liquidação. A dissolução suspende as atividades empresariais, mas os administradores continuam em suas funções, ultimando os preparativos para sua liquidação, completando as negociações pendentes e outros problemas, como impostos a recolher, um processo em andamento, um cheque emitido, uma dívida a pagar. Após serem resolvidos todos esses problemas, entra-se em fase de liquidação.

A sociedade pode dissolver-se a qualquer momento, se for por tempo indeterminado, por decisão unânime dos sócios. A sociedade é deles; eles a abriram por vontade própria e por isso podem fechá-la. Há, porém, várias causas para a dissolução.

A extinção significa o fim definitivo da sociedade, a sua eliminação do universo empresarial; ela deixou de existir, sem qualquer possibilidade de retorno. Se os sócios quiserem revivê-la, terão de constituir nova sociedade. Princípio elevado nos ensina que a empresa deve continuar, tendo em vista a influência louvável que exerce no ambiente físico-social em que ela está inserida. Nesse sentido deve orientar-se a Justiça, privilegiando sua permanência no quadro societário. Há casos, porém, em que sua extinção se impõe em benefício de todos, inclusive dos próprios sócios, que investirão seus recursos e seus esforços em empreendimentos mais rentáveis.

A extinção processa-se de forma suave, em escalas. O primeiro passo é a dissolução, que é a suspensão das atividades empresariais. A sociedade vai preparando o terreno para sua extinção. Nesse período, ela não perde a personalidade jurídica. Ela tem patrimônio, representantes legais e permanece sua capacidade de agir em Juízo. O art. 51 do Código Civil, que prevê a dissolução das pessoas jurídicas em geral, revela-nos o sentido da lei:

> *Nos casos de dissolução da pessoa jurídica ou cassada a autorização para seu funcionamento, ela subsistirá para os fins de liquidação, até que esta se conclua.*

A liquidação vem a seguir, preparada pela dissolução. Os sócios não são mais os administradores da sociedade. Têm sentido marcantemente patrimonial; procura-se apurar o patrimônio da empresa: seu ativo e seu passivo. O ativo deve ser realizado, vale dizer, transformado em dinheiro; se a sociedade tiver créditos, será promovida a cobrança deles. Por outro lado, resgata-se o passivo, pagando todos os compromissos perante os credores, de forma que a sociedade nada fique devendo.

Ao final da liquidação, levanta-se o balanço para se saber o saldo: se sobrou dinheiro ou se faltou; chega-se ao líquido (por isso se chama liquidação). Será feita então a partilha, ou seja, a divisão dos haveres líquidos entre os sócios. Com a partilha, o balanço da sociedade fica zerado.

10.2. Expiração de prazo

Esta causa só se aplica à sociedade que se constituir com prazo de duração, o que é bem raro nas sociedades e acreditamos ser também raro na sociedade limitada, que acaba de ser criada. A sociedade pode se constituir para funcionar por tempo determinado ou indeterminado, e constando no contrato social que ela deverá se dissolver num determinado dia, ocorrerá legalmente sua dissolução *pleno jure*. Não haverá necessidade de distrato, pois já ficara pactuado em cláusula contratual que a sociedade não mais existiria a partir de um certo dia. Foi a vontade dos sócios que se efetivou.

Se os sócios chegarem à conclusão de que a sociedade deveria continuar após seu prazo de duração, poderiam alterar a cláusula contratual, transformando-a em sociedade com tempo indeterminado. Esse aditivo deverá ser estabelecido por instrumento escrito e registrado na Junta Comercial, antes do vencimento do prazo, porquanto vencido o prazo, nenhum ato poderá ser praticado pela sociedade. Poderão, todavia, os sócios, antes de liquidado o patrimônio da sociedade, constituírem uma outra, que absorverá o patrimônio da antiga.

10.3. Consenso dos sócios

Esta é uma das formas convencionais de dissolução e extinção da empresa, por ocorrer em vista de uma convenção dos sócios, estabelecida de forma unânime de todos. Usamos frequentemente o termo empresa como sinônimo de sociedade, uma vez que olhando sobre o aspecto mais jurídico há diferença entre os dois termos. A constituição da sociedade simples se dá por consenso mútuo de todos os sócios, que manifestam sua vontade no contrato. Da mesma forma como é constituída, poderá ser dissolvida, ou seja, pela vontade dos sócios. Deverão elaborar o distrato, por instrumento de alteração contratual, extinguindo a sociedade. Assim se faz com a sociedade por tempo indeterminado. Seria feito também com a sociedade por tempo determinado, desde que os sócios decidissem dissolvê-la antes do prazo marcado no contrato.

Elaborado o distrato, requererão os sócios sua averbação no cartório e o consequente cancelamento da matrícula. Haverá, porém, necessidade de se juntarem certidões negativas, para comprovar a inexistência de débitos à seguridade social, ao fisco e quaisquer outros órgãos. Se for o caso de premência, será conveniente comunicar ao cartório a suspensão das atividades. Após dois anos de atividades suspensas, poderá ser requerido o cancelamento do registro.

10.4. Deliberação dos sócios, por maioria absoluta, na sociedade por tempo indeterminado

No item anterior foi examinada a extinção pelo consenso unânime dos sócios. Agora por maioria absoluta, na sociedade por tempo indeterminado. Esse modo de extinção é mais complicado, porquanto haverá necessidade de votação em assembleia de sócios, elaborando-se ata de reunião. Ocorre quando houver algum sócio que não deseje a dissolução ou extinção. Deverá haver o respeito aos direitos do sócio minoritário, ou sócios minoritários, que poderão exercer direito de veto, embora o veto não impeça a dissolução.

10.5. Falta de pluralidade de sócios, não reconstituída no prazo de seis meses

Non datur societas de individuo = Não há sociedade individual. Ninguém pode ser sócio de si próprio, pois na sociedade um é sócio de outro, o que pressupõe a presença de no mínimo dois. Aliás, sem duas pessoas no mínimo, não poderia haver nem mesmo o direito: *Ubi societas ubi jus* = Onde houver sociedade, haverá o direito. Por exemplo, numa sociedade de dois sócios morre um; o sócio supérstite deve dissolver a sociedade ou providenciar a inclusão de outro sócio, no prazo de seis meses, senão a sociedade deixou de existir.

A situação irá se complicar se houver ausência de todos os sócios. Por exemplo, ambos os sócios morrem simultaneamente num acidente. É bem difícil remediar essa situação, mas, levando em conta o princípio de preservação da sociedade, será possível contornar o impasse. Digamos que a ausência de sócios tenha atingido uma sociedade: abre-se o inventário de ambos, e o filho mais velho torna-se inventariante. Cada espólio escolhe o inventariante para representá-lo e requerem ao juiz a indicação do inventariante para suceder na quota do falecido. Os dois filhos já trabalhavam na empresa e dão continuidade às atividades. Enquanto isso, poderão aplicar várias formas de solução. Consideremos que sejam filhos únicos e herdeiro universal da quota. Assumirão temporariamente a quota e quando terminar o inventário cada um será o titular absoluto dela.

10.6. Ausência de autorização oficial

Ocorre quando a sociedade dedica-se à atividade que exige autorização do Poder Público para funcionar, como é o caso de um banco, de uma empresa de aviação, de um jornal, uma companhia seguradora, uma companhia exportadora (*trading company*). Precisam de autorização especial do Governo para o exercício de suas atividades e, desde que seja cancelada essa autorização, ela não pode continuar existindo, a não ser que mude seu ramo de atividade ou corrija a causa do cancelamento.

Ocorrendo a dissolução na hipótese de cancelamento da autorização para funcionar, o Ministério Público, tão logo lhe comunique a autoridade competente, promoverá a liquidação judicial da sociedade, se os administradores não o tiverem feito nos trinta dias seguintes à perda da autorização, ou se o sócio não houver exercido a faculdade de requerer a dissolução.

Caso o Ministério Público não promova a liquidação judicial da sociedade, nos quinze dias subsequentes ao recebimento da comunicação, a autoridade competente para conceder a autorização nomeará um interventor, com poderes para requerer a medida e administrar a sociedade até que seja nomeado o liquidante. No caso de uma sociedade cujo objeto social exija autorização governamental, como empresa de seguros, cancelada a autorização, deve a empresa imediatamente suspender as atividades e iniciar a dissolução, no prazo de trinta dias. Caso contrário, qualquer sócio poderá requerer a dissolução ou o Ministério Público. Se a lei não for cumprida, o órgão oficial competente (o Banco Central, no caso de um banco) intervirá na sociedade, afastando os administradores e nomeando interventor na direção dela.

Citemos o exemplo da companhia comercial exportadora, a *trading company*, regulamentada pelo Decreto-lei 1.248/72, cujo funcionamento depende de várias autorizações do Poder Público, como da Secretaria da Receita Federal e do DECEX (Departamento do Comercio Exterior do Banco do Brasil). Estamos citando essa empresa só como exemplo, por ser sociedade empresária. Se ela perde a autorização desses órgãos, estará obrigada a encerrar suas atividades. Mais grave será a situação de um banco, cujo funcionamento depende de carta-patente emitido pelo Banco Central; se essa carta-patente for cassada, o banco não pode receber depósitos, conceder empréstimos ou exercer qualquer outra atividade, o que o invialibiliza. Além disso, diz a própria lei que o banco deve ser liquidado pelo Banco Central, quando a carta-patente for cassada. A liquidação de bancos está regulamenta pela Lei da Reforma Bancária.

10.7. Dissolução judicial

Examinamos até agora a dissolução operada por iniciativa dos sócios, sem intervenção judicial, chamada de *pleno jure*, mas existe outra forma de dissolução, que é a judicial. Qualquer sócio poderá requerer judicialmente a dissolução da sociedade, mas baseado em motivos previstos em lei, ou seja, com fundamento legal. Essas normas, previstas no art. 1.034 do Código Civil, referem-se à sociedade simples, mas se aplicam subsidiariamente aos demais tipos societários. Opera-se a dissolução judicial com a sentença do juiz, decorrente de um processo judicial que a objetive. Há três hipóteses previstas no Código Civil, mas não se trata de *numerus clausus*, visto que a qualquer cidadão é facultado dirigir-se ao Judiciário, alegando ter sido prejudicado no seu direito individual:

1. Se for anulada sua constituição, como por exemplo, se o Cartório descobrir a existência de vício insanável em seu ato constitutivo e cancelar o registro. Assim, a sociedade é constituída, mas teve sua constituição anulada pela Justiça ou por outra razão qualquer sem lhe restar condições legais de funcionamento, quando ela já estava em pleno funcionamento. Caso os sócios não tomem as medidas necessárias à sua dissolução, poderá qualquer dos sócios requerer judicialmente a dissolução dessa sociedade.

2. Se o objeto dela for exaurido: é a hipótese de uma empresa destinada a realizar um loteamento especificado. Vendidos todos os seus lotes e cumpridas as obrigações entre ela e seus clientes, não lhes resta mais nada a fazer, por não ter mais objeto social. Exauriu-se o fim social.

3. Se o objeto dela for considerado inexequível: por exemplo, se uma concessionária de serviços públicos perder a concessão, ou então, a empresa constituída para fabricar um produto que perdeu sua utilidade ou cuja fabricação tenha sido proibida. É também o caso de uma sociedade que

explorava serviços de loteria e essa atividade foi declarada ilícita; será essa sociedade obrigada a dissolver-se, pois seu objeto social tornou-se ilícito.

10.8. Previsão contratual

O contrato pode prever outras causas de dissolução a serem verificadas judicialmente quando contestadas. É possível que o contrato social contenha alguma cláusula determinando a dissolução da sociedade em caso de evento superveniente. Ocorrendo o evento, deve a sociedade dissolver-se e, se assim não fizer, qualquer sócio poderá requerer judicialmente a dissolução. Digamos que uma empresa constitui-se para prestar serviços específicos, representando empresa estrangeira. O contrato poderá conter cláusula estabelecendo sua dissolução, se a empresa estrangeira representada falir, ou se cancelar a representação.

O contrato social reflete a vontade dos sócios e, pelo princípio da autonomia da vontade, eles são soberanos para estabelecer o que quiserem sobre a sociedade, desde que as decisões não contravenham a lei, a ordem pública e os bons costumes, conforme consta de diversas definições legais.

10.9. Nomeação do liquidante

Ocorrida a dissolução, cumpre aos administradores providenciar imediatamente a investidura do liquidante, e restringir a gestão própria aos negócios inadiáveis, vedadas novas operações, pelas quais responderão solidária e ilimitadamente. Dissolvida de pleno direito a sociedade, pode o sócio requerer, desde logo, a liquidação judicial. Já houve referência de que a extinção da sociedade opera-se em duas fases: a dissolução e a liquidação.

Passada a fase da dissolução, entra a sociedade em fase de liquidação, e uma das medidas a serem tomadas é a indicação do liquidante pelos sócios, que poderá ser um dos administradores da sociedade ou mesmo um terceiro. Entrando em liquidação, qualquer sócio poderá requerer a liquidação judicial. Se a sociedade praticar qualquer ato de gestão empresarial, os responsáveis responderão pessoalmente por este ato, de forma solidária e ilimitada.

Se não estiver designado no contrato social, o liquidante será eleito por deliberação dos sócios, podendo a escolha recair em pessoa estranha à sociedade. O liquidante poderá ser destituído a qualquer tempo, se houver uma dessas causas:

1. Se tiver sido eleito pelos sócios, mediante deliberação deles;
2. Se houver justa causa, por via judicial, a requerimento de algum sócio.

Mais alguns traços do perfil do liquidante são apontados. É possível que haja no contrato social cláusula indicando o liquidante, caso ela venha a se liquidar. É, porém, difícil, pois quando uma sociedade se constitui, não irá cogitar a liquidação. Se necessário, os próprios sócios decidirão quem será o liquidante por eleição, normalmente um dos administradores, pois ele já está à testa da empresa. Poderá, porém, ser um sócio quotista e mesmo um estranho, como um administrador de empresas, um economista, um contador.

A nomeação do liquidante é o primeiro passo a ser dado. Os dirigentes da sociedade em liquidação assumem funções específicas de acionar a extinção. Cessa o mandato dos administradores e os sócios escolherão quem será o liquidante, que poderá ser um dos sócios ou um dos administradores. O liquidante, que não for administrador da sociedade, será investido nas funções, averbada a sua nomeação no registro próprio, isto é, na Junta Comercial, por ser sociedade empresária. O Código fala apenas em *liquidante*, o que nos leva a crer que seja um só. Embora o liquidante assuma as funções do administrador, há várias diferenças entre os dois.

São bem variados os deveres do liquidante.

1. Em primeiro lugar, deve averbar e publicar a ata, sentença ou instrumento de dissolução da sociedade, no registro

dela. Essa providência protege a sociedade, como, por exemplo, imunizando-a ante um potencial pedido de falência.

2. Deve arrecadar os bens, livros e documentos da sociedade, onde quer que estejam, formando a massa de bens, uma *universitas juris*, vale dizer, um conjunto de bens formado por determinação da lei. Esse conjunto de bens tem alguma semelhança com a massa falida, destinado a ser transformado em dinheiro, para o pagamento dos credores e, o que restar, distribuído aos sócios.

3. Procederá, nos quinze dias seguintes ao da sua investidura e com a assistência, sempre que possível, dos administradores, à elaboração do inventário e do balanço geral do ativo e do passivo. É preciso fazer o levantamento de toda a situação patrimonial da empresa; os créditos e os débitos, a avaliação dos bens componentes do ativo, para que possa ser processada a liquidação.

4. Ultimará os negócios da sociedade; realizará o ativo, ou seja, transformará os bens do ativo em dinheiro; com esse dinheiro, pagará os débitos e o que sobrar será dividido entre os sócios.

5. Se o dinheiro arrecadado com a realização do ativo não for suficiente para o pagamento das dívidas, o litigante deverá exigir dos sócios as quantias necessárias, nos limites da responsabilidade de cada um e proporcionalmente à respectiva participação nas perdas, repartindo-se, entre os sócios solventes e na mesma proporção o devido pelo insolvente. A sociedade não pode ser liquidada com dívidas sem solução; não sobrando dinheiro para pagá-las, o liquidante pedirá suprimento de verbas aos sócios, na proporção de suas quotas.

6. O liquidante convocará assembleia dos sócios, cada seis meses, para apresentar relatório e balanço do estado de liquidação, prestando contas dos atos praticados durante o semestre, ou sempre que necessário. O liquidante é um mandatário dos sócios e, por isso, deve prestar contas a

eles, quando for solicitado. Essa prestação de contas deve ser mais solene, cada semestre, em assembleia.

7. Ele está capacitado a passar procuração a advogado para requerer autofalência da sociedade ou pedir recuperação judicial, de acordo com as formalidades prescritas para o tipo de sociedade liquidanda. Todavia, não há essa possibilidade quando se tratar da Sociedade Simples, por ser imune ao Direito Falimentar. Não pode ter pedido de falência contra si, e, por outro lado, não pode pedir recuperação judicial.

8. Ao findar-se a liquidação, o liquidante deverá apresentar aos sócios o relatório da liquidação e as suas contas finais.

9. Cabe ao liquidante averbar no registro da sociedade a ata da reunião ou da assembleia, ou o instrumento firmado pelos sócios, que considerar encerrada a liquidação. Averbação é um registro feito em outro registro. No órgão competente, a sociedade faz o seu registro, a sua inscrição, vale dizer, registra-se; depois, cada modificação que experimenta, como mudança de sócios ou aumento de capital, devendo ser registrados no registro da sociedade. Deve ser registrada também a ata de encerramento da liquidação, para que o órgão de registro cancele a inscrição da sociedade.

Em todos os atos, documentos ou publicações, o liquidante empregará o nome da sociedade sempre seguido da cláusula "em liquidação" e de sua assinatura individual, com a declaração da sua qualidade. Exemplo: **Tintas Idencolor Ltda. (em liquidação).**

Compete ao liquidante representar a sociedade e praticar todos os atos necessários à sua liquidação, inclusive alienar bens móveis e imóveis, transigir, receber e dar quitação. É ele o representante legal da sociedade e responde por ela, já que sócios não mais administram a sociedade. Suas faculdades e prerrogativas não são, porém, ilimitadas. Sem estar expressamente autorizado pelo contrato social, ou pelo voto da maioria dos sócios, não pode o liquidante gravar de ônus reais os móveis e imóveis, contrair empréstimos, salvo quando indispensáveis ao pagamento de obrigações inadiáveis nem prosseguir, embora para facilitar a liquidação, na atividade social.

As obrigações e a responsabilidade do liquidante regem-se pelos preceitos peculiares às dos administradores da sociedade liquidanda. Deverá observar a exigível probidade no desempenho de suas funções. Responsabiliza-se pelos danos que causar à massa liquidanda, seja por negligência no desempenho de suas funções, por dolo ou abuso dos poderes que lhe tenham sido outorgados. Poderá ser destituído de suas funções, responder por perdas e danos e seus atos poderão ser anulados.

Não havendo mais ativo a ser realizado, nem passivo a ser liquidado, deve ter sobrado dinheiro. Se faltasse para pagar o passivo, o liquidante pediria aos sócios. Prepara-se, então, o liquidante para a partilha do que sobrou. Os sócios podem resolver, por maioria de votos, antes de ultimada a liquidação, mas depois de pagos os credores, que o liquidante faça rateios por antecipação da partilha, na medida em que se apurem os haveres sociais.

10.10. A liquidação da sociedade limitada

Conforme já falamos diversas vezes, extingue-se a sociedade observando duas fases primordiais: a dissolução e a liquidação. A dissolução prevista no capítulo do Código Civil referente a cada tipo de sociedade, o que não acontece com a liquidação, regulamentada de forma genérica, ou seja, para todos os modelos societários, nos artigos 1.102 a 1.112.

Na dissolução, a sociedade deve continuar somente para se ultimarem as negociações pendentes, precedendo-se à liquidação. Assim sendo, mesmo que os sócios já tenham dissolvido a sociedade, ela pode ter ainda questões pendentes, como um empregado que a esteja demandando na Justiça do Trabalho, um imposto a recolher, uma execução contra algum devedor e outras questões cuja solução escapa das imediatas providências dos sócios. Essas pendências devem ser resolvidas já na fase de liquidação, de acordo com o que dispuser o Código Civil, ressalvado o disposto no contrato social ou no instrumento de dissolução, se houver.

No caso de liquidação judicial, será observado o disposto na lei processual, mais precisamente o antigo CPC (Decreto-lei 1.608/39). Essa antiga lei processual trazia um capítulo denominado *Da Dissolução e da Liquidação de Sociedades*, com os artigos 655 a 674. Esse capítulo e mais alguns não foram revogados pelo atual CPC, de 1973.

Qualquer interessado poderá requerer a dissolução e liquidação da Sociedade Simples. Se o juiz declarar ou decretar a dissolução, na mesma sentença nomeará liquidante a pessoa a quem pelo contrato, pelo estatuto, ou pela lei, competir tal função. Se a lei, o contrato ou o estatuto nada dispuserem a este respeito, o liquidante será escolhido pelos interessados por meio de votos entregues em cartório. Se não houver solução pelos interessados, o juiz nomeará o liquidante dativo, que exercerá suas funções mais ou menos nos termos do liquidante privado.

No curso da liquidação judicial, o juiz convocará, se necessário, reunião ou assembleia para deliberar sobre os interesses da liquidação, e as presidirá, resolvendo sumariamente as questões suscitadas. As atas da assembleia serão, em cópia autêntica, apensadas ao processo judicial.

10.11. A partilha

É possível, todavia, que haja *superavit* na liquidação. Neste caso, deve o balanço ser submetido ao exame dos sócios, para deliberarem sobre o destino a ser dado ao dinheiro que sobrar, fazendo-se a partilha, nos moldes da partilha da herança. Pago o passivo e partilhado o remanescente, o liquidante convocará assembleia dos sócios para a prestação final de contas. Aprovadas as contas, encerra-se a liquidação, e a sociedade se extingue, ao ser averbada no registro próprio a ata da assembleia. O dissidente tem o prazo de trinta dias, a contar da publicação da ata, devidamente averbada, para promover a ação que couber.

Encerrada a liquidação, o credor não satisfeito só terá direito a exigir dos sócios, individualmente, o pagamento de seu crédito, até o limite da soma por eles recebida em partilha, e a propor contra o liquidante ação de perdas e danos.

Aplicam-se as normas do Direito das Sucessões para solucionar os problemas da partilha da massa liquidanda, no caso de haver menores ou interditos. A partilha será feita com os responsáveis, tutor ou curador, cujos atos serão validos e irrevogáveis, a fim de não perturbar a extinção da sociedade. Caso se comprovem fraudes em prejuízo dos menores ou interditos, eles poderão exercer ação reparatória.

11. DO CONSELHO FISCAL

11.1. A constituição e posse do conselho
fiscal

11.2. Impedimentos para a função

11.3. As funções do conselho fiscal

11.4. Responsabilidade dos conselheiros

11.1. A constituição e posse do conselho fiscal

Uma das várias inovações trazidas pelo novo Código Civil, ao regulamentar a sociedade limitada, foi a faculdade concedida aos sócios de criarem o conselho fiscal, mais ou menos, nos moldes da sociedade anônima. Não é órgão de constituição obrigatória, mas facultativa, e deve ser instituído no contrato social, isto é, deverá contar com disposição expressa no contrato social, mas o contrato inicial deverá prever sua instituição, para que possa ser formado posteriormente.

Será composto por três ou mais membros e respectivos suplentes, ou seja, em número mínimo de seis membros, que serão eleitos em assembleia de sócios. Desde que respeitado o mínimo de membros, três efetivos e três suplentes, cabe aos sócios escolherem, em assembleia, o número que eles quiserem. Interessante é notar que não há necessidade de ser sócio para ser membro do conselho fiscal. Também não é obrigatório, mas há conveniência para que seja número ímpar, para evitar empate nas votações, já que é órgão de deliberação e decisão colegiada. Há lógica prática na liberalidade de permitir a formação de conselho fiscal com membros que não sejam sócios, uma vez que, geralmente, é muito pequeno o número de sócios da sociedade limitada, raramente chegando a seis. Além disso, no mínimo um dos sócios deverá ser o administrador, o que o impedirá de pertencer ao conselho fiscal.

É assegurado aos sócios minoritários, que representarem 1/5 do capital social, o direito de eleger, separadamente, um dos membros do conselho fiscal e o respectivo suplente. É uma faculdade concedida aos sócios que poderão ter um representante, que possa defender seus interesses. Se o conselho fiscal tiver três membros, eles são eleitos pelos sócios em assembleia, sendo portanto seus representantes; todavia, representam a coletividade dos sócios e não cada um. Se o artigo 1.066 fala em "sócios minoritários", está falando na suposição de que haja muitos sócios. Concluímos, então, que o conselho fiscal só é viável numa sociedade com número expressivo de sócios; digamos dez ou mais.

A remuneração dos membros do conselho fiscal será fixada, anualmente, por assembleia dos sócios que os eleger.

O membro ou suplente eleito, assinando termo de posse lavrado no livro de atas e pareceres do conselho fiscal, em que se mencione o seu nome, nacionalidade, estado civil, residência e a data da escolha, ficará investido nas suas funções, que exercerá, salvo cessação anterior, até a subsequente assembleia anual (art. 1.067). Conforme ainda falaremos, o conselho fiscal deverá ter um livro próprio: Livro de Atas e Pareceres do Conselho Fiscal.

11.2. Impedimentos para a função

Há certas restrições de ordem legal para alguém ser investido na função de conselheiro. O membro do conselho fiscal não pode ocupar outros cargos na sociedade, como, por exemplo, administrador. Nem tampouco pode ser empregado; se a função de conselheiro é a de fiscalizar a administração e apontar falhas possíveis ou desvio de finalidades, o empregado subordinado e assalariado pelo patrão ficará inibido de controlar os atos de seus superiores. O próprio nome de conselho fiscal sugere a ideia de fiscalização. Digamos ainda que um administrador seja também conselheiro; ele iria aconselhar e fiscalizar ele próprio!

Também não podem fazer parte do conselho fiscal os administradores de empresas controladas, o cônjuge ou parente deles até o terceiro grau, enfim as pessoas ligadas ou subordinadas ao administrador da empresa, para que tenham liberdade e autonomia para julgar o comportamento dos administradores. Há muitos anos, a NASA, considerada a maior empresa do mundo, com o maior orçamento para a pesquisa e navegação espacial, teve consideráveis prejuízos em vista de gestão defeituosa. Constatou-se que o conselho fiscal era subordinado e supervisionado pelo Presidente da empresa, como se fosse uma assessoria ou auditoria. Os membros do conselho fiscal sentiram-se inibidos em denunciar os erros e fraudes da diretoria liderada pelo Presidente, os quais só foram detectados quando irromperam graves prejuízos. O erro básico e maior da empresa foi o de ter um órgão de controle subordinado ao órgão controlado.

Não podem ser eleitos para o conselho fiscal os condenados a pena que vede, ainda que temporariamente, o acesso a cargos públicos; ou por crime falimentar, de prevaricação, peita ou suborno, concussão, peculato; ou contra a economia popular, contra o sistema financeiro nacional, contra as normas de defesa da concorrência, contra as relações de consumo, a fé pública ou a propriedade, enquanto perdurarem os efeitos da condenação. Enfim, são os mesmos impedimentos previstos ao administrador.

Há ainda pessoas impedidas por lei especial, vale dizer, fora do Código Civil. São geralmente pessoas submetidas a restrições próprias de sua profissão e não pelas normas empresariais. É o caso de membros do Poder Judiciário ou do Poder Legislativo, como, por exemplo, um juiz, membro do Ministério Público, o Presidente do Senado ou da Câmara dos Deputados. Eles são impedidos pelas disposições do Direito Administrativo. Também os militares, que são impedidos pelos códigos militares.

11.3. As funções do conselho fiscal

As funções e obrigações do conselho fiscal e outras atribuições determinadas na lei ou no contrato social incumbem, individual ou conjuntamente, o dever de examinar, pelo menos trimestralmente, livros e papéis da sociedade e o estado de caixa e da carteira. É um trabalho típico de auditoria, para ver se as normas legais e contábeis estão sendo seguidas, se existe um mínimo de organização no desempenho empresarial. Os administradores obrigam-se a prestar as informações solicitadas pelo Conselho Fiscal.

Dessas inspeções, o conselho fiscal elaborará um parecer que será registrado no livro de atas e pareceres do conselho fiscal. Dará também parecer sobre os negócios e as operações sociais do exercício em que servirem, tomando por base o balanço patrimonial e o de resultado econômico, exarando-o no mesmo livro. Esse parecer deverá ser submetido à apreciação dos sócios, pedindo aos dirigentes da empresa a convocação da assembleia. Se os administradores retardarem por mais de trinta dias a convocação da assembleia dos sócios, quer a anual, quer alguma assembleia extraordinária, sempre que ocorram motivos graves e urgentes, o conselho fiscal poderá convocar a assembleia, por sua iniciativa, e expor seus pareceres.

Cabe aos conselheiros, e sempre por decisão colegiada, denunciar os erros fraudes ou crimes que descobrirem, sugerindo providências úteis à sociedade. É uma decisão delicada e ousada; por isso mesmo é exigida do conselheiro alta dose de independência e desvinculação de quaisquer compromissos com as pessoas que ocupem posição de mando na empresa, pois só essas poderão praticar atos fraudulentos.

É possível que a sociedade esteja em liquidação, quando os administradores são substituídos pelo liquidante. Neste caso, não se encerram as atribuições do conselho fiscal; os mesmos poderes e atribuições que ele tinha com referência aos administradores serão exercidos então sobre o liquidante. Durante o período da liquidação da sociedade, o conselho fiscal agirá com a observação das normas especiais reguladoras da liquidação. Essas normas constam dos arts. 1.033 a 1.038 do Código Civil.

Não será demais repetir que ninguém pode ocupar várias posições na sociedade; destarte, o conselheiro só será membro do conselho fiscal e mais nada. As atribuições e poderes conferidos pela lei ao conselho fiscal não podem ser outorgados a outro órgão da sociedade. Não só a lei proíbe, como também a lógica administrativa não suportaria, como, por exemplo, se os poderes de fiscalização previstos pela lei ao conselho fiscal fossem transferidos para o administrador; nesse caso o administrador iria fiscalizar ele mesmo.

O conselho fiscal poderá escolher para assisti-lo no exame dos livros, dos balanços e das contas, um contabilista legalmente habilitado, mediante remuneração aprovada pela assembleia dos sócios. Pela própria competência do conselho fiscal é possível avaliar as exigências do cargo e da pessoa que o ocupa. Examinar a situação patrimonial da empresa e apresentar relatório sobre ela é tarefa que demanda conhecimento de contabilidade. Elaborar pareceres sobre as operações empresariais requer descortino superior ao dos sócios. Denunciar erros e fraudes é trabalho de auditoria que requer alta perspicácia. Todavia, ao nosso modo de ver, parece ser preferível eleger para o conselho fiscal contadores e economistas, pessoas com conhecimento especializado. Por esse motivo, são remunerados e a remuneração de seus assessores onerará mais a empresa. Parece-nos também preferível manter contrato com uma empresa de auditoria, que fará o mesmo serviço do conselho fiscal.

11.4. Responsabilidade dos conselheiros

A responsabilidade dos membros do conselho fiscal obedece à regra que define a dos administradores e estão expostas no art. 1.016. Fazemos então remissão, sobre esse assunto, ao capítulo 7, item 7.6. sobre a responsabilidade dos administradores.

12. DAS DELIBERAÇÕES DOS SÓCIOS

12.1. Os poderes decisórios dos sócios
12.2. Competência das assembleias e das reuniões
12.3. Convocação da assembleia
12.4. Funcionamento das assembleias
12.5. Posição do sócio dissidente

12.1. Os poderes decisórios dos sócios

Mais uma vez voltamos a falar que os sócios são os donos da empresa e os maiores interessados em seu destino. Eles podem não exercer a administração da empresa, e, para isso, elegem o administrador. Contudo, essa faculdade de não exercer a gerência e encarregar o administrador para esse mister revela o grau de seus poderes. O administrador opera a gestão da empresa, mas nos limites de seu mandato. Não pode ele, por exemplo, pedir a falência da empresa ou a recuperação judicial. Nem tampouco decidir pela fusão da empresa com outra, ou pedir a sua liquidação. Esses problemas ultrapassam sua competência, e, devido à sua importância e delicadeza, só poderão competir aos sócios.

Cada sócio tem um poder individual em questões simples, mas questões mais complexas devem ser resolvidas pelo universo dos sócios, em assembleia ou reunião. O novo código usa duas expressões várias vezes, *reunião* e *assembleia*, não deixando clara a diferença entre as duas, nem quando se usa uma ou outra, deixando a cargo do contrato social dizer quais questões serão resolvidas em reunião e quais em assembleia.

A assembleia é uma reunião, mas reunião com características especiais. Em primeiro lugar, numa assembleia, as pessoas que dela participam devem ser da mesma categoria, com identidade de funções, interesses, de propósitos. Por exemplo: assembleia de sócios, de acionistas, de condôminos, de credores. A reunião pode ser de pessoas heterogêneas, como credores e devedores, empregados e empregadores. A reunião é mais livre, mais informal; pode ser convocada por telefone, por exemplo. Pelo parágrafo primeiro deste artigo, não se podem resolver em reunião questões da sociedade constituída por mais de dez sócios; nesse caso deve haver assembleia.

Depende do que dispuser o contrato social sobre a reunião ou a assembleia para certas deliberações; é o contrato que dirá se determinado assunto será resolvido em reunião ou assembleia, quando a própria lei não determinar.

12.2. Competência das assembleias e das reuniões

Sendo um órgão soberano, os sócios poderão tomar qualquer decisão sobre a sociedade, mas o art. 1.071, que abre a seção referente às deliberações dos sócios, aponta algumas questões submetidas às decisões deles, além de outras matérias indicadas na lei ou no contrato. Num sentido geral, depende da deliberação dos sócios qualquer problema que implique a modificação do contrato social. A sociedade vai mudar de endereço? Vai aumentar ou diminuir o capital? Vai sair ou entrar um sócio? Mudam-se os poderes ou o exercício sociais? Abre-se ou fecha-se uma filial? Aumenta ou diminui o pró-labore dos administradores? Tudo isso implica modificação do contrato social, e, portanto, tudo isso está submetido à decisão dos sócios em reunião ou assembleia.

Cabe aos sócios a designação dos administradores e a destituição deles. Cabe-lhes também fixar a remuneração dos administradores, quando não estabelecida no contrato social. Os administradores a que estamos nos referindo são aqueles cuja designação é feita em separado. Se o administrador já constar do contrato inicial, não deixa de ser decisão dos sócios, pois foram eles que elaboraram o contrato.

Os sócios devem também examinar as contas a serem prestadas pelos administradores e aprová-las ou desaprová-las. Examinarão também o balanço patrimonial e de resultado econômico. Se não estiverem de acordo com essas contas poderão até substituir os administradores e adotar medidas contra eles.

Se a sociedade entrar em regime de liquidação, os sócios é que irão nomear o liquidante, e, se for necessário, destituí-lo. Da mesma forma como age em relação ao administrador, fará com o liquidante: examinarão e julgarão suas contas e tomarão as decisões que quiserem.

12.3. Convocação da assembleia

Como acontece costumeiramente, há dois tipos de assembleia: ordinária e extraordinária. A assembleia ordinária é prevista pela lei, e, no caso da sociedade limitada, é uma só, e realizada ao menos uma vez por ano, nos quatro meses seguintes ao término do exercício social. Na ordem do dia, pode constar qualquer assunto de interesse da sociedade, mas, obrigatoriamente o de tomar as contas dos administradores e deliberar sobre o balanço patrimonial e o de resultado econômico. E, quando for o caso, designar administradores.

A assembleia extraordinária pode ocorrer em qualquer ocasião em que os administradores sentirem a necessidade, como é o caso de aumento do capital.

A convocação dos sócios é feita pelo administrador, até trinta dias antes da data marcada para a assembleia. O balanço patrimonial e o de resultado econômico devem ser postos, por escrito, e com prova do respectivo recebimento, à disposição dos sócios que não exerçam a administração.

A reunião ou assembleia podem ser também convocadas:

I. Por sócio, quando os administradores retardarem a convocação, por mais de dois meses, nos casos previstos em lei ou no contrato, ou por titulares de mais de um quinto do capital, quando não atendido, no prazo de oito dias, pedido de convocação fundamentado, com a indicação das matérias a serem tratadas.

II. Pelo conselho fiscal, se os administradores retardarem por mais de trinta dias a convocação anual da assembleia ordinária, ou sempre que houver motivos graves e urgentes. A assembleia é um órgão obrigatório e não facultativo como o conselho fiscal. Sua convocação cabe aos administradores, e, se eles não cumprirem sua missão de convocá-la, ela pode ser convocada pelo conselho fiscal, que tem essa competência, a pedido de algum sócio ou *sponte propria*. Poderá ainda qualquer sócio pedir sua convocação.

Até trinta dias antes da data marcada para a assembleia, os documentos referentes às contas dos administradores, o balanço patrimonial e o de resultado econômico devem ser postos, por escrito, e com a prova do respectivo recebimento, à disposição dos sócios que não exerçam a administração.

12.4. Funcionamento das assembleias

A assembleia dos sócios instala-se com a presença, em primeira convocação, de titulares de três quartos, no mínimo, do capital social, e, em seguida, com qualquer número. O sócio pode ser representado na assembleia por outro sócio, ou por advogado, mediante outorga de mandato com especificação dos atos autorizados.

O código estabeleceu como *modus faciendi* das deliberações dos sócios da sociedade limitada o mesmo adotado pela sociedade simples. No sentido geral, as deliberações são tomadas por maioria de votos, contados segundo o valor das quotas de cada um. As normas que se aplicam à realização das assembleias aplicam-se também à das reuniões. Por exemplo: uma sociedade com quatro sócios, a saber:

Ulpiano . . . . R$ 10.000,00
Modestino . . . . . . R$ 5.000,00
Pompônio . . . . . . R$ 5.000,00
Paulo . . . . R$ 20.000,00
Total . . . . R$ 40.000,00

Haverá, então, o total de 40 votos, sendo 10 de Ulpiano, cinco de Modestino, cinco de Pompônio e 20 de Paulo. Por maioria de votos, entende-se mais da metade, ou seja, 50% mais um.

É possível que haja empate na votação, mas será solucionado se houver maior número de sócios numa deliberação, prevalecendo o voto por cabeça o que representa a maioria. Será a hipótese em que numa reunião apresentaram-se os quatro sócios: Ulpiano, Modestino e Pompônio, cada um com direito a um voto e Paulo com três votos. Ulpiano, Modestino e Pompônio votam a favor de uma proposta, mas Paulo vota contra: há empate de três a três. Vence então o voto de Ulpiano, Modestino e Pompônio, pois são três contra um; prevalece a vontade dos "sócios" contra a de "um sócio".

A assembleia será presidida e secretariada por sócios escolhidos entre os presentes. Dos trabalhos e deliberações será lavrada, no livro de atas da assembleia, ata assinada pelos membros da mesa e por sócios participantes de reunião, quantos bastem à validade das deliberações, mas sem prejuízo dos que queiram assiná-la. Cópia da ata assinada pelos administradores, ou pela mesa, será, nos vinte dias subsequentes à reunião, apresentada ao Registro das Empresas, para arquivamento e averbação. Ao sócio que a solicitar, será entregue cópia autenticada da ata.

Instalada a assembleia ordinária anual, nos quatro meses seguintes ao término do exercício social, com o objetivo de tomar as contas dos administradores e deliberar sobre o balanço patrimonial e o de resultado econômico, será procedida à leitura desses documentos, os quais serão submetidos pelo presidente a discussão e a votação, em que não poderão tomar parte os membros da administração e, se houver, os do conselho fiscal. A aprovação, sem reserva, do balanço patrimonial e do resultado econômico, salvo erro, dolo ou simulação, exonera de responsabilidade os membros da administração e, se houver, os do conselho fiscal. Extingue-se em dois anos o direito de anular a aprovação a que acabamos de nos referir.

A assembleia deverá transcorrer de acordo com a lei e lavrada em livro próprio. Criou-se mais um livro obrigatório e novo registro, aumentando o volume de encargos para o Registro das Empresas (Junta Comercial). Como, porém, a maioria das empresas brasileiras com este modelo societário é pequena, constituída muitas vezes de dois sócios, não raro marido e mulher, acreditamos que esses encargos serão leves.

Para facilitar o trabalho de todos, a assembleia poderá ter convocação facilitada, dispensando-se formalidades se houver declaração dos sócios de que estão cientes dela. Essa possibilidade ocorre comumente na sociedade limitada por ter, via de regra, poucos sócios. Digamos que uma sociedade limitada tenha três e eles são convocados verbalmente ou por telefone para uma reunião, que declaram por escrito estar cientes dessa reunião. Em caso assim, não há necessidade de formar nova convocação.

Há outra possibilidade de ocorrência prevista em lei. Há convocação dos sócios de uma sociedade limitada para decidir sobre determinada proposta. Antes da assembleia ou da reunião, os sócios celebram acordo sobre a proposta, antecedendo-se à discussão em assembleia. Torna-se desnecessária a realização da assembleia, pois não haverá necessidade de reunião para ratificar acordo, visto que a vontade dos sócios já está manifestada.

Se houver premência de decisão em assembleia, para possível pedido de recuperação judicial ou autofalência da sociedade limitada, pode ser dispensada reunião dos sócios. Requerer recuperação judicial ou autofalência é uma decisão muito séria e delicada e só pode ser tomada por unanimidade ou maioria dos sócios, conforme disponha no contrato. Às vezes, porém, o pedido de recuperação judicial precisa ser urgente, por haver títulos vencidos e com ameaça de protesto. Digamos que algum ou alguns sócios estejam ausentes, ou o prazo para a assembleia retarde o pedido, provocando protesto de títulos. Em tal situação de premência, os administradores, com autorização da maioria de votos de acordo com o capital, podem decidir pelo pedido de recuperação judicial.

As decisões tomadas pelos sócios em reunião ou assembleia são soberanas, no sentido de que elas valem para aos sócios que não tiverem comparecido a elas ou, se tiverem comparecido, votaram contra. Para vincular esses sócios, entretanto, há necessidade de que as reuniões tenham obedecido às disposições da lei ou do contrato social. É a hipótese de os sócios se reunirem e decidirem alterar o contrato, elaborando o instrumento de alteração e assinando. Se eles assinaram é porque já deliberaram e decidiram. Que necessidade haveria de uma assembleia?

Haverá várias porcentagens no quórum para votação, conforme a questão submetida à decisão dos sócios. Se a questão a ser resolvida referir-se à modificação do contrato social, ou a respeito da incorporação, da fusão ou da dissolução da sociedade, ou a cessação do estado de liquidação, a decisão exige votos correspondentes a 3/4 do capital social. São casos mais importantes e delicados e, por isso, o quórum exigido é mais elevado, superior a 75% dos votos.

Se os assuntos não encerrarem gravidade maior, serão resolvidos por votos correspondentes a mais da metade do capital social, ou seja, 50% mais um. É o que acontece com a aprovação de contas da administração; da designação dos administradores, quando feita em ato separado, pela destituição deles, e também do modo de remuneração atribuída aos administradores, se não estiver estabelecido no contrato. O quórum de mais da metade do capital é também adotado para o pedido de recuperação judicial.

Nos demais casos, em que seja exigida a deliberação dos sócios, previstos na lei ou no contrato, a decisão se dá pela maioria de votos dos presentes. Esta é, pois, a norma geral, desde que o contrato social não disponha de forma especial.

As deliberações infringentes do contrato ou da lei tornam ilimitada a responsabilidade dos que expressamente as aprovaram.

12.5. Posição do sócio dissidente

Quando houver modificação do contrato social, fusão da sociedade, incorporação de outra, ou dela por outra, terá o sócio que dissentiu o direito de retirar-se da sociedade, nos trinta dias subsequentes à reunião. Eis aqui mais uma medida de respeito ao sócio remisso e minoritário nas votações. Este artigo garante o sócio que discordar de medidas que alterem o objetivo ou o objeto social. Quando entra numa sociedade, o sócio tem certas pretensões, que devem ser respeitadas. Por exemplo, a sociedade vai se fundir com outra; essa medida implica a estrutura da empresa, a inclusão de novos sócios, e outras transformações não previstas por ele ao integrar-se naquela sociedade. Não deve ser obrigado a aceitar o que não foi estabelecido no momento de sua entrada.

13. DO AUMENTO E DA REDUÇÃO DO CAPITAL

13.1. Mobilidade do capital
13.2. Aumento do capital
13.3. Redução do capital
13.4. Oposição dos credores

13.1. Mobilidade do capital

Já fizemos estudo a respeito do capital social, considerando-o como o montante de dinheiro necessário à sustentação básica da empresa. A expressão: "necessário" significa que não deve ser excessivo nem deficiente. Às vezes, porém, ocorre o desequilíbrio: a empresa quer ampliar-se, desenvolver-se, o que implica a necessidade de investimentos. Nesse caso, ela recorre ao mercado financeiro ou ao mercado de capitais; o mercado financeiro lhe fornece dinheiro mais móvel e em curto prazo, mas pode ocorrer a necessidade de capital mais fixo, mais seguro e duradouro; recorre, então, ao mercado de capitais.

Apela para a poupança de seus sócios, fazendo-os aumentar sua participação no capital. Porém, em certas ocasiões, torna-se necessário o aporte de novos sócios, criando novas quotas.

Ao revés, a empresa pode sofrer definhamento por razões várias. Nessas condições, o capital pode-se tornar excessivo, o que não é economicamente conveniente. Torna-se necessário reduzir o capital, tornando-o compatível com as necessidades da empresa. O capital deve ser a expressão contábil e financeira do patrimônio da sociedade, com que ela possa dispor para desempenhar, executar e atingir seu objeto social. Por isso ele deve estar sempre atualizado.

Assim sendo, a mobilidade do capital é a condição exigível para acompanhar a evolução do mercado e adaptar a empresa para adequar-se às mutações que o tempo vai apresentando. Assim sendo, o capital pode ser aumentado ou diminuído, de acordo com as conveniências do momento.

O aumento ou redução do capital se opera fatalmente com a modificação do contrato social, e, portanto, deve ser aprovado por deliberação dos sócios, observando-se o quórum, à visão dos arts. 1.071-V e 1.076-I, de 3/4 das suas quotas.

13.2. Aumento do capital

Por vários motivos se opera o aumento de capital, normalmente por iniciativa dos sócios. Necessário se torna, entretanto, que o capital esteja totalmente integralizado. Nem teria sentido uma sociedade querer aumentar seu capital se os sócios não tiverem pago a quota que subscreveram. Deverá haver a consequente alteração do contrato social, razão pela qual o aumento de capital exige deliberações dos sócios em reunião ou assembleia. O instrumento de alteração contratual deverá ser registrado na Junta Comercial. Essa questão está regulamentada pelo Código Civil nos arts. 1.081 a 1.084, mas a Lei das Sociedades por Ações é mais explícita nesse aspecto, motivo pelo qual ela se aplica subsidiariamente à sociedade limitada e às demais sociedades empresárias.

Normalmente o aumento de capital se dá pelo aumento do valor das quotas. Os sócios aportam nova contribuição de dinheiro, que é adicionado à sua quota. Até trinta dias após deliberação, terão os sócios a preferência para participar do aumento da quota de que seja titular. Assim, na sociedade cujo exemplo temos dado neste trabalho, Ulpiano tem uma quota de R$ 10.000,00, Modestino e Papiniano de R$ 5.000,00 cada um, e Paulo terá a quota de R$ 20.000,00. No aumento, Ulpiano terá direito de preferência para aumentar sua quota para R$ 20.000,00, Modestino e Papiniano para R$ 10.000,00 e Paulo para R$ 40.000,00. A preferência é só para o aumento de 100% do valor da quota, não mais.

Digamos, todavia, que Ulpiano não possa ou não queira exercer esse direito de preferência: poderá ceder esse direito para qualquer dos sócios, total ou parcialmente, sem precisar da anuência dos demais. Porém, só poderá cedê-lo a terceiro não sócio, se não houver expressa oposição de sócios que detenham mais 1/4 do capital, vale dizer, 25% mais um; aplica-se nessa cessão o mesmo critério da cessão de quota, expresso no art. 1.057. Decorrido o prazo de preferência, e assumida pelos sócios, ou por terceiros, a totalidade do aumento, haverá reunião ou assembleia dos sócios para que seja aprovada a modificação do contrato.

É possível, porém, que haja o aumento de capital sem haver inversão de dinheiro: o aumento é feito com a incorporação de reservas ou lucros suspensos. Pode acontecer que durante algum tempo a sociedade venha obtendo bons lucros, mas distribui uma parcela deles, deixando outra parcela como reserva, ou permanecendo com os lucros em suspenso, para reforçar o movimento financeiro da empresa. Posteriormente, os sócios incorporam essas reservas no capital, distribuindo-as nas quotas.

Há outra situação em que se procede ao aumento do capital sem integralização; é quando se aplica a correção monetária sobre o valor nominal das quotas. Devido à inflação, a moeda se desvaloriza, trazendo consigo o aumento do patrimônio da empresa, como os imóveis e a maquinaria. Em consequência, haverá distorção entre o valor do patrimônio e o valor do capital. Para regularizar essa distorção, procede-se à correção do valor nominal do capital.

13.3. Redução do capital

É possível também a redução do capital, com a devolução ou não de dinheiro aos sócios. Da mesma forma que pode a sociedade aumentar seu capital, poderá diminuí-lo. O aumento é livre, mas a redução deve ser motivada e, naturalmente, só pode se feita depois da total integralização do capital, pois não teria lógica diminuir um capital que nem chegou a se formar. Como acontece com o aumento de capital, a redução deve ser formalizada por instrumento devidamente registrado no Registro das Empresas, isto é, na Junta Comercial. São duas as causas legalmente previstas para a redução.

A primeira delas é quando houver perdas irreparáveis. A empresa sofre prejuízos que a definham, reduzindo suas atividades e seu patrimônio. O capital torna-se fictício; não espelha o verdadeiro estado econômico da sociedade. Haverá necessidade e conveniência de se adequar o balanço com a realidade econômica da empresa, tornando o capital compatível com ela. Diminui-se o capital, com a diminuição proporcional das quotas dos sócios. Realiza-se assembleia para aprovar essa redução, lavrando-se a ata que será averbada no registro da sociedade na Junta Comercial, tornando efetiva a redução.

A assembleia dos sócios para essas deliberações deve ser especialmente realizada para esse fim, e deverá contar com a presença de sócios que representem 75% do capital social, no mínimo.

A segunda hipótese para a redução é se o capital se revelar excessivo e desnecessário às atividades empresariais. Há, portanto, dinheiro sobrando, ocioso. Após integralizar o capital e desenvolvido as atividades da empresa, os sócios constaram que o dinheiro aportado a ela não está sendo aplicado e não há perspectivas de aplicação imediata. Realizam então assembleia para adotar a redução do capital, acompanhando a diminuição proporcional da quota de cada um. Faz-se parcialmente a restituição do capital para os sócios.

13.4. Oposição dos credores

Entre as muitas funções do capital, uma delas é a de servir de garantia aos débitos da sociedade. É princípio secular e vem do antigo direito romano, o de que o patrimônio do devedor é garantia dos credores. O capital é dinheiro que está na empresa e poderá ser utilizado no pagamento de seus compromissos. Este assunto é do interesse dos credores, já que todo credor deve rezar pela saúde de seus devedores.

Por isso mesmo, o art. 1.084 do Código Civil reserva aos credores o direito de se oporem à redução do capital de uma empresa, por diminuir seu poder econômico e a capacidade de solver seus débitos para com eles. Esse direito é facultado apenas ao credor quirografário, isto é, o desprovido de garantias. Para quem tiver seu crédito garantido, como, por exemplo, por uma hipoteca, não precisará se incomodar com a redução do capital da empresa devedora.

No prazo de 90 dias, contado da data da publicação da ata da assembleia que aprovar a redução, o credor quirografário, por título líquido anterior a essa data, poderá opor-se ao deliberado. A redução somente se tornará eficaz se, nesse prazo de 90 dias, não for impugnada, ou se ficar provado o pagamento da dívida ou o depósito judicial do respectivo valor: satisfeitas essas condições, dará procedimento à averbação na Junta Comercial, da ata que tenha aprovado a redução.

14. DESCONSIDERAÇÃO DA PERSONALIDADE JURÍDICA DA SOCIEDADE

14.1. A personalidade jurídica da sociedade

14.2. O mau uso da personalidade

14.3. A *Disregard Theory*

14.4. A reação à fraude e ao abuso

14.5. A posição do Judiciário

14.6. A previsão legal brasileira

14.1. A personalidade jurídica da sociedade

Examinamos a personalidade jurídica da sociedade e vimos que ela começa a existir no momento em que se registra no órgão competente, mais precisamente o Cartório de Registro Civil de Pessoas Jurídicas para a sociedade simples e a Junta Comercial para os demais tipos de sociedade. É o que também prevê o art. 45 do novo Código Civil:

> *Começa a existência legal das pessoas jurídicas de direito privado com a inscrição do ato constitutivo no respectivo registro, precedida, quando necessário, de autorização ou aprovação do Poder Executivo, averbando-se no registro todas as alterações por que passar o ato constitutivo.*

Assim sendo, ao ser registrada e recebendo a certidão de registro, a sociedade já tem existência legal, o que lhe dá a personalidade jurídica. Ela está apta a adquirir direitos e contrair obrigações. Com o registro, quatro aspectos serão realçados:

- Capacidade patrimonial, podendo possuir patrimônio próprio, desvinculado do patrimônio das pessoas que a compõem;
- Capacidade de adquirir direitos;

- Capacidade de contrair legalmente obrigações;
- Capacidade de atuar em juízo, ativa e passivamente.

Ao adquirir a personalidade jurídica, ela terá existência própria e autônoma, o que a capacita ainda a possuir um patrimônio próprio. Essa autonomia observa-se ainda ante as pessoas que a compõem. A sociedade é uma pessoa jurídica constituída de duas ou mais pessoas, geralmente físicas, mas há possibilidade de haver sociedades sócias de outra. Cada uma terá pois sua personalidade jurídica e patrimônio próprio, que não se confundem nem se comunicam. O antigo Código Civil mostrava-nos no *"caput"* do art. 20:

> *As pessoas jurídicas têm existência distinta da de seus membros.*

Esse artigo foi abolido no novo código, o que nos leva a crer que a autonomia da sociedade e de seus membros não é mais absoluta.

14.2. O mau uso da personalidade

A autonomia patrimonial, ou seja, a dualidade da personalidade jurídica da sociedade e de seus sócios, tem sido por demais explorada, para ensejar fraudes ou abuso de direito. Muitos espertalhões encontraram na autonomia patrimonial um esquema para enriquecer-se, isentando-se das sanções que normalmente adota a lei para atos fraudulentos. Constituem uma sociedade que pratica uma série de falcatruas, responsabilizando-se por seus atos. Enquanto isso, os sócios que dirigem a sociedade saem ilesos dessas responsabilidades, auferindo as vantagens dos atos sociais.

A utilização da sociedade como escudo tornou-se muito vulgar na área falencial, ensejando o surgimento e desenvolvimento da "indústria de falências". É golpe já bem vulgarizado em São Paulo e Rio de Janeiro, mas está se espalhando por todo o Brasil. É bem conhecida essa aventura: alguns espertalhões constituem uma sociedade e com ela contraem muitas obrigações, levantando empréstimos, adquirindo bens e formando um patrimônio efêmero. Em seguida, pedem concordata, suspendendo os pagamentos.

No período da concordata, os bens vão sendo vendidos e o dinheiro desaparecendo de múltiplas formas. Não sendo cumprida a concordata, a falência é decretada. Ao fazer a arrecadação para a composição da massa falida, constata-se que a sociedade não possui mais patrimônio algum. Desaparece também a documentação contábil, apurando-se que se tratava de organização fantasma, a famosa "arara". Às vezes, os empresários que manobravam essa sociedade fantasma nem mesmo colocavam seu nome no registro, utilizando "laranjas".

Ora, uma sociedade não pode ser mandada para a prisão e, portanto, não haverá sanções penais para os crimes cometidos em seu nome. Na área cível, assume ela a responsabilidade por todos os prejuízos causados a terceiros. Como, entretanto, seu patrimônio esvaiu-se, não poderá haver reparação dos danos causados.

No caso da Sociedade Simples não ocorre a falência, mas a *Disregard Theory* se aplica a ela em outras situações, desde que seja usada para fraudes. Geralmente, a Sociedade Simples não tem grande patrimônio, como estoques de mercadorias, maquinaria, imóveis, por se tratar de prestação de serviços e seu uso como "arara" é mais restrito do que a que se faz com a Sociedade Empresária. Mesmo assim, não deixa de ensejar fraudes, independente da falência. Por isso o artigo 50 do Código Civil estendeu a ela a aplicação da desconsideração da personalidade jurídica, como se deduz de sua redação.

14.3. A *Disregard Theory*

Um desses subterfúgios provocou ampla reação: foi o caso da Salomon Brother, numa questão movida por Salomon contra Salomon & Cia. O fato deu-se na Inglaterra, mas maior repercussão teve nos EUA. Urgia uma medida contra a fraude e o abuso de direito que grassavam na exploração da sociedade por seus dirigentes. Foi quando em várias partes do mundo, EUA, Itália e Alemanha começou a elaboração de nova doutrina, designada como *"Disregard Theory"*, *"Disregard Doctrine"*, ou *"Disregard of Legal Entity"*.

Essa doutrina propugna pela desconsideração da personalidade jurídica da sociedade quando for utilizada para se perpetrar fraudes ou abusos de direito. Assim sendo, se a Justiça notar que alguém fez uso de uma pessoa jurídica para prejudicar terceiros, auferindo vantagens, embora com licitude aparente, poderá desconsiderar a personalidade jurídica dessa sociedade, transferindo suas responsabilidades para os dirigentes que a usaram.

Não se trata a *Disregard Theory* de anulação da personalidade, mas medida de sua defesa. Não afronta a teoria da personalidade jurídica. Visa a preservar a personalidade jurídica da sociedade, evitando que colha sanções destruidoras de sua sobrevivência. Transferindo essas sanções para a pessoa daqueles que a infelicitaram, a *Disregard Theory* recompõe o patrimônio ferido da sociedade vitimada.

14.4. A reação à fraude e ao abuso

Ao avolumar-se a onda de golpes fraudulentos contra a economia coletiva, movidos por pessoas inescrupulosas, que se ocultavam sob uma pessoa jurídica, começou o movimento de reação contra essa prática. Na Itália, Alemanha, França, Argentina e principalmente nos EUA, foram-se elaborando doutrinas de interpretação do abuso da personalidade jurídica das pessoas jurídicas, principalmente das sociedades. Receberam nomes próprios diferentes:

- *Superamento della personalità giuridica*, na Itália;
- *Durchgriff der juristischen personen*, na Alemanha;
- *Mise à l'écart de la personalité morale*, na França;
- *Teoria de la penetración*, na Argentina;
- *Disregard Theory, Disregard of legal entity*, ou *Disregard Doctrine*, nos EUA.

Foi, porém, nos EUA que a *Disregard Doctrine* se consolidou, ingressando na legislação de forma definida e esquematizada. Deu aos magistrados norte-americanos os instrumentos necessários para atingir a responsabilidade pessoal de empresários espertalhões, quando causavam prejuízos a outrem em beneficio próprio, servindo-se, porém, da sociedade que lhes pertencia. Em vez de servir-se do tradicional *testa de ferro*, também chamado "homem de palha", que os franceses apelidaram de *prête-nom* (empresta o nome), e nossa gíria forense chama de *laranja*, utilizam, então, uma sociedade, fazendo-a praticar fraude.

Fatos assim são públicos e notórios, repetindo-se por série interminável. Em dezembro de 2001, várias CPIs (comissões parlamentares de inquérito) publicaram relatório final, comprovando que as associações esportivas, entidades esportivas e sociedades civis e mercantis vinham sendo usadas por dirigentes inescrupulosos para enriquecimento ilícito, grande parte deles políticos importantes e membros dos poderes diretivos do país. Os órgãos de comunicação de todo o país publicaram com muito realce as conclusões a que chegaram os parlamentares, demonstrando não somente crimes comuns, mas também de repercussão social, como lavagem de dinheiro, evasão de divisas, sonegação de impostos, corrupção da máquina administrativa do governo e vários outros. As associações esportivas estavam sempre em situação de insolvência, mas seus dirigentes enriqueciam-se constantemente. Em termos empresariais, esses fatos ficam amplamente relatados nos processos judiciais, principalmente nos procedimentos falimentares.

Nos dias de hoje, a desconsideração da personalidade jurídica está sedimentada em quase todos os países; a reação brasileira é posterior. Está em nosso Direito Positivo, de forma clara e insofismável no art. 28 do Código de Defesa do Consumidor e no art. 18 da Lei do Abuso do Poder Econômico. Atualmente, a questão foi aplicada de forma mais ampla no art. 50 do novo Código Civil. Antes mesmo dessas disposições legais, a posição do Poder Judiciário já se revelara a favor da nova doutrina, como veremos adiante.

O professor Piero Verrucoli, da Universidade de Pisa, em publicação denominada *Superamento della Personalità Giuridica delle Società di Capitali nella Common Law e nella Civil Law*, defendeu a superação da personalidade jurídica da sociedade (embora só falasse nas sociedades de capitais e não nas de pessoas). Essa obra foi considerada a sistematização da doutrina da superação da personalidade jurídica, com esse mesmo nome, também adotado no direito brasileiro, apenas mudando o termo superação por desconsideração. Restringe, porém, o Professor Piero Verrucoli a aplicação a cinco motivos:

1. Realização direta dos interesses estatais, como tributários e políticos;
2. Repressão da fraude à lei;
3. Interesses de terceiros se forem lesados por fraudes na constituição da sociedade ou elaboração do contrato;
4. Repressão da fraude ao contrato;
5. Realização dos interesses dos sócios *ut singoli.*

Como se observa, Verrucoli alarga mais as incidências, para além da fraude e abuso do direito. Esse parecer deve ter influenciado o direito brasileiro, pois nossa reação adota maior amplitude; o *caput* do art. 28 do Código de Defesa do Consumidor também aponta cinco razões e ainda estende a doutrina aos casos de insolvência.

O art. 50 do novo Código Civil parece alargar ainda mais a aplicação da *Disregard,* pois fala em *certas e determinadas relações de obrigações,* sem limitar essas relações. Vamos transcrevê-lo desde já:

> *Em caso de abuso da personalidade jurídica, caracterizado pelo desvio de finalidade, ou pela confusão patrimonial, pode o juiz decidir, a requerimento da parte ou do Ministério Público quando lhe couber intervir no processo, que os efeitos de certas e determinadas relações de obrigações sejam estendidos aos bens particulares dos administradores ou sócios da pessoa jurídica.*

14.5. A posição do Judiciário

Nossos tribunais foram avessos, a princípio, à aceitação da *Disregard*, chamada por alguns juízes de "doutrina de penetração" e por outros "desconsideração da personalidade jurídica", nome que acabou predominando. Baseavam-se no art. 20 do antigo Código Civil, então lei vigente, e não cabe ao juiz fazer leis, mas aplicá-las. Agora, porém, a doutrina se faz presente na lei, com o Código de Defesa do Consumidor e com a Lei do Abuso do Poder Econômico. Recentemente, o novo Código Civil implantou-a de forma soberana, mas não sabemos ainda os efeitos dela e como será aplicada, por ser inovação. Embora seja legalmente aplicada a casos específicos, pode-se estendê-la a outros casos semelhantes por influência da analogia. Por que só seria aplicada quando o interesse do consumidor fosse afetado e não o de outras vítimas? Não vigora mais o princípio de que todos são iguais perante a lei? Por que também só as vítimas de abuso do poder econômico?

Foram razões que fundamentaram a jurisprudência em favor da desconsideração da personalidade jurídica. Por isso, já se notava a aceitação de se desconsiderar a pessoa jurídica em relação à pessoa de quem se oculta sob ela e que a utiliza fraudulentamente. Tomemos por base o egrégio Tribunal de Justiça de São Paulo, com várias decisões, repelindo a aplicação da doutrina em casos diversos, embora não tivessem sido bem caracterizados os fatores de fraude ou abuso de direito. Entretanto, seguindo o consagrado princípio de que "proibir o abuso é consagrar o uso", os próprios acórdãos passaram a observar a desconsideração da personalidade jurídica se porventura fossem constatadas fraudes ou então abuso do direito: passou a ser olhada com simpatia.

Vejamos, por exemplo, a decisão do TJSP em 14.06.94, ao julgar a Apelação 239.606-2 (RT. 711/117):

Deduzindo-se dos autos que a atividade da sociedade foi mal administrada, dando azo ao seu encerramento irregular, tudo com finalidade de fugir à responsabilidade de tais atos, fica a personalidade jurídica desconsiderada, a fim de que a penhora recaia sobre os bens dos sócios.

Um ano antes, a opinião de nossa principal corte estadual tinha esposado opinião que viria influenciar vivamente outros acórdãos, em decisão de 27.10.93:

A teoria da desconsideração da personalidade jurídica ou doutrina de penetração busca atingir a responsabilidade dos sócios por atos de malícia e prejuízo. A jurisprudência aplica essa teoria quando a sociedade acoberta a figura do sócio e torna-se instrumento de fraude.

Em decisão mais recente (RT. 713/138), nosso Tribunal reconhece a aplicação da *"Disregard"* nas disposições da Lei 3.708/19, que regulava a sociedade limitada. Todavia, alarga ainda mais a incidência da desconsideração da personalidade jurídica para outros casos, conforme se vê nesse acórdão:

Havendo abuso da personalidade jurídica, esta pode ser desconsiderada para, no caso concreto, admitir-se a responsabilidade pessoal, solidária e ilimitada dos sócios pelas dívidas da sociedade, independente das hipóteses do art. 10 do Dec. 3.708/19.

Vemos no acórdão retrorreferido que a doutrina não se aplicava de forma genérica, mas a "casos concretos", vale dizer, devendo ser examinado cada caso *"per se"*. Pela ementa desse acórdão, a desconsideração da personalidade jurídica aplica-se a outros casos, de forma genérica, portanto, em campo muito largo. Além dessa abrangência, o acórdão considera a responsabilidade pessoal do sócio faltoso, como solidária e ilimitada, ainda que se trate de sociedade limitada ou da simples.

Por outro lado, nossa jurisprudência manifesta moderação em aplicar a *"Disregard"*, limitando sua área e realçando a personalidade jurídica da sociedade. Não visa essa doutrina anular a personalidade jurídica da sociedade, mas preservá-la. O instituto da personalidade jurídica está realçado em nosso ordenamento jurídico, mesmo antes do advento do novo Código Civil. A personalidade jurídica da pessoa jurídica e sua distinção da personalidade jurídica dos membros que a compõem não é arredado em nosso direito; apenas é "desconsiderada" para certos efeitos e em determinados casos, em "fatos concretos" como diz a ementa. Vamos descrever outra parte do mesmo acórdão:

> *A aplicação da "Disregard Doctrine", a par de ser salutar meio de defesa para evitar a fraude via utilizações da pessoa jurídica, há de ser aplicada com cautela e zelo, sob pena de destruir o instituto da pessoa jurídica e olvidar os incontestáveis direitos da pessoa física. Sua aplicação terá que ser apoiada em fatos concretos que demonstrem o desvio da finalidade social da pessoa jurídica, como proveito ilícito dos sócios.*

Podemos deduzir dos quatro acórdãos examinados que nossa jurisprudência, consentânea com a doutrina da *Disregard Theory*, adota os seguintes pontos básicos:

1. Só deve ser aplicada a casos concretos;
2. A personalidade jurídica da sociedade fica preservada;
3. Deve ser invocada só quando os sócios utilizarem-se da sociedade com má-fé, comprovando-se fraude ou abuso de direito ou afronta à lei;
4. A responsabilidade dos sócios é solidária e ilimitada.

14.6. A previsão legal brasileira

Mesmo na vigência do Código Civil de 1916, a desconsideração da personalidade jurídica começou a entrar no direito brasileiro pelo Código de Defesa do Consumidor (Lei 8.078/90), sob o aspecto legislativo, uma vez que na jurisprudência já se notava sua invocação. Para facilitar os comentários, será conveniente transcrever o artigo em apreço.

Capítulo IV – Seção V
Desconsideração da personalidade jurídica
Art. 28. O juiz poderá desconsiderar a personalidade jurídica da sociedade quando, em detrimento do consumidor, houver abuso de direito, excesso de poder, infração da lei, fato ou ato ilícito ou violação dos estatutos ou contrato social. A desconsideração também será efetivada quando houver falência, estado de insolvência, encerramento ou inatividade da pessoa jurídica provocados por má administração.
Parágrafo 1º. Vetado.
Parágrafo 2º. As sociedades integrantes dos grupos societários e as sociedades controladas são subsidiariamente responsáveis pelas obrigações decorrentes deste Código.
Parágrafo 3º. As sociedades consorciadas são subsidiariamente responsáveis pelas obrigações decorrentes deste Código.
Parágrafo 4º. As sociedades coligadas só responderão por culpa.
Parágrafo 5º. Também, poderá ser desconsiderada a pessoa jurídica sempre que sua personalidade for, de alguma forma, obstáculo ao ressarcimento de prejuízos causados aos consumidores.

Veio depois indicada a *Disregard of legal entity* na Lei 8.884/94 sobre infrações contra a ordem econômica, adotando no art. 18 disposição bem semelhante à do art. 28 do Código de Defesa do Consumidor:

A personalidade jurídica do responsável pela infração da ordem econômica poderá ser desconsiderada quando houver por parte deste abuso de direito, excesso de poder, fato ou ato ilícito ou violação dos estatutos ou do contrato social.

A desconsideração será efetivada quando houver falência,
estado de insolvência, encerramento ou inatividade da pessoa
jurídica provocados por má administração.

Da legislação surgida, vamos notar que muitas razões poderão provocar a aplicação da *Disregard Doctrine* ou desconsideração da personalidade jurídica, além dos casos da doutrina original:

Abuso de direito – excesso de poder – infração da lei – fato ou ato ilícito – violação do estatuto ou do contrato social.

Os casos de aplicação ficam ainda ampliados quando houver falência, estado de insolvência, encerramento ou inatividade da sociedade, provocados por má administração. Naturalmente, a legislação refere-se apenas a casos em que a vítima seja um consumidor, ou quando se tratar de crimes contra a ordem econômica. Pode-se, entretanto, apelar para a analogia e estender a desconsideração da personalidade jurídica para outras áreas semelhantes, sendo mesmo possível na área falimentar.

Os vários parágrafos do art. 28 colocam no âmbito da desconsideração as sociedades controladas, as sociedades integrantes de grupos societários, as consorciadas e as coligadas. Nesse caso, o sócio de uma sociedade é outra sociedade. O grupo de sociedades está previsto da Lei das S.A. Uma sociedade pode ser a principal acionista de outra e uma delas pode causar prejuízos a seus consumidores. Ao responder por esses prejuízos, constata-se que seu patrimônio foi diluído; nesse caso, o patrimônio da controladora ou a controlada ficará sujeito à execução.

Não muito tempo depois, a reação contra a utilização de uma sociedade em benefício do sócio reforçou-se com a Lei do Abuso do Poder Econômico (Lei 8.884/94). O art. 18 dessa lei alarga a aplicação da *Disregard Theory* à gama muito vasta de casos, elencados nos arts. 20 e 21 da mesma lei, em muitos incisos, mais precisamente 28. Esses casos agrupam-se em aspectos vários, como domínio irregular do mercado, cerceamento à livre concorrência ou livre-iniciativa, crimes contra a propriedade intelectual das empresas.

Nota-se que a redação desse artigo traz muito do correspondente artigo do Código de Defesa do Consumidor. O segundo parágrafo desse artigo é de enorme amplitude, pois uma sociedade que não pode responder por suas responsabilidades já é insolvente. Esse artigo é de aplicação quase total. Além disso, no caso de falência, não especificam ambos os artigos se a personalidade jurídica da sociedade é desconsiderada apenas em casos de consumidor ou infração à ordem econômica. Ainda que não sejam interpretados extensivamente, a analogia faz o alargamento aos demais casos.

Além dessas duas reações bem frontais, já se tinham notado no Brasil alguns brados de alerta. A Justiça do Trabalho vinha apresentando várias medidas judiciais de superação da personalidade jurídica, não só determinando penhora de bens particulares dos empresários que utilizam sua empresa em proveito próprio, lesando terceiros, mas até mesmo decretando a prisão deles.

Outra área em que a responsabilidade pessoal dos sócios de uma sociedade pelos atos praticados por eles, por via dela, foi atingida é a tributária. O CTN – Código Tributário Nacional estabeleceu claramente essa responsabilidade nos arts. 134 e 135 nas obrigações tributárias resultantes de atos praticados com excesso de poderes ou infração da lei, contrato social ou estatuto. A linguagem adotada pelo CTN tem alguma semelhança com a dos recentes dispositivos sobre a *Disregard Theory*.

A Lei das S.A. faz distinção entre a S.A. e a figura de seu administrador, deixando bem clara a desconsideração da personalidade jurídica no art. 265. Não julgamos, porém, que essa distinção tenha base na *Disregard Theory*, pois cuida apenas da personalidade jurídica do acionista controlador ante à da sociedade dirigida por ele. Os casos de fraude ou de *"ultra vires societatis"* cobertos pela *Disregard* envolve operações triangulares: sociedade – administrador – terceiros.

Por outro lado, os dois artigos comentados estendem a aplicação da teoria da superação à área falimentar ou em casos em que a atividade de uma empresa forem suspensas por má administração. Neste caso a desconsideração é levada muito adiante, pois não implica fraude ou abuso de direito nessa *má administração*. Com o advento no novo Código Civil, cessam quaisquer dúvidas de caráter legislativo quanto à definitiva implantação da teoria da desconsideração da personalidade jurídica na legislação brasileira, nos moldes considerados neste capítulo, referindo-se seu art. 50 não apenas à sociedade mercantil ou civil, mas a qualquer pessoa jurídica, pelo que se vê:

> *Em caso de abuso da personalidade jurídica, caracterizado pelo desvio de finalidade, ou pela confusão patrimonial, pode o juiz decidir, a requerimento da parte ou do Ministério Público, quando lhe couber intervir no processo, que os efeitos de certas e determinadas relações de obrigações sejam estendidos aos bens particulares dos administradores ou sócios da pessoa jurídica.*

15. SOLUÇÃO SENSATA DE CONTROVÉRSIAS SOCIETÁRIAS

15.1. O surgimento de litígios

15.2. Necessidade de fórmulas alternativas de solução de problemas

15.3. Características e vantagens da arbitragem

15.4. Tipos de arbitragem

15.5. Como se institui o juízo arbitral

15.6. O passivo judicial das empresas

15.7. A remuneração da arbitragem

15.8. As raízes brasileiras da arbitragem

15.9. As lições do passado

15.1. O surgimento de litígios

Cabe-nos levantar um problema que o mundo moderno reclama por uma resolução: como resolver os possíveis conflitos na área jurídica e agora estamos tratando de controvérsias existentes ou que venham a existir no campo do Direito Societário. Divergências entre pessoas envolvidas em torno de uma sociedade existem aos milhões e não deixarão de existir. O que, entretanto, é doloroso é ver como esses conflitos entre pessoas emperram a vida das sociedades civis ou mercantis, ou seja, da Sociedade Simples e da Sociedade Empresária, na terminologia do Código. E surgem não apenas no âmbito societário, mas em todas as relações societárias, empresariais, econômicas, sociais e nas demais áreas das relações humanas. Tantos nomes surgiram para designar esses choques de opiniões: litígio, controvérsia, disputa, contenda, discussão, combate, choque, altercação, luta, rixa, lide, briga, querela, pendência, queixa, questão, problema.

Bastaria um olhar sobre a Bíblia. Deus colocou Adão e Eva no paraíso, mas eles tiveram tantos desacertos de opiniões até chegar ao da maçã que Deus não mais teve paciência e o resultado do conflito foi a expulsão do paraíso. Adão e Eva tiveram, a princípio, dois filhos: Caim e Abel. Todos sabem o resultado dos entendimentos ou desentendimentos entre os dois irmãos.

Seguiu-se daí uma sucessão de gerações, mas sempre envolvidas em desentendimentos, em litígios, chegando ao mundo de hoje, conservando o mesmo estado de espírito.

Na vida empresarial, e estamos agora tratando do âmbito especial das relações societárias, idêntico fenômeno vem ocorrendo. Uma sociedade está constantemente às voltas com discussões entre ela e seus empregados, outras sociedades, bancos que a servem, fornecedores, o Poder Público. Esses litígios, essas discussões não chegam a ser considerados uma briga no seu sentido exato, mas diferentes pontos de vista; cada parte interpreta uma questão, um contrato, um problema do ponto de vista dos seus interesses. Por mais clara e objetiva que seja uma lei, por mais cuidadosa que seja a elaboração de um contrato, não será evitada a interpretação própria e particular de cada parte, pois cada uma delas olha a questão de forma distorcida pelo interesse. E assim os litígios surgem, em vista das diferentes formas de se interpretar um problema.

15.2. Necessidade de fórmulas alternativas de solução de problemas

Se for certo que o ser humano sempre se envolveu em litígios, é igualmente certo que sempre procurou evitá-los, embora não o conseguisse. Sempre procurou encontrar fórmulas de resolução para esse litígios, até chegar ao sistema mais evoluído, que foi a jurisdição, promovida pelo Poder Público. Criou-se, para tanto, um poder: o Poder Judiciário. A Justiça Pública cumpriu o seu papel de órgão julgador das lides, durante vinte séculos. De meio século para cá, todavia, a Justiça Pública começou a revelar sua inadequação ao mundo moderno; não conseguiu acompanhar os passos revolucionários dos problemas humanos e empresariais, deixando de resolver litígios, e criando outros. O Poder Judiciário não foi preparado para enfrentar os novos problemas que estariam para surgir a partir da metade do século XX.

Logo após a sua constituição, a CCI – Câmara de Comércio Internacional, instalou, em 1922, o seu mais importante órgão: a

CIA-Corte Internacional de Arbitragem. Não se trata apenas da montagem de um órgão judicante, mas da implantação de um sistema judiciário, com regras e princípios definidos e consolidados. Surgiu assim a primeira corte arbitral, que há mais de 80 anos presta serviços na área internacional e também na vida interna dos países. Serve de modelo para a criação de inúmeras outras cortes pelo mundo.

Não há um poder judiciário internacional, a justiça pública universal. O foro competente para julgar questões internacionais, com predominância na área contratual, é estabelecida pelas próprias partes na cláusula de eleição de foro. No plano nacional há certas limitações à eleição de foro pelas partes, pois o Código de Processo Civil impõe normas sobre o foro competente.

Nessas condições, empresas de países diferentes poderão celebrar contrato com a eleição do foro competente para dirimir quaisquer controvérsias entre elas perante a justiça de um dos países a que pertença algumas delas, ou então, no foro de qualquer dos países. Poderiam ainda concordar que certas questões sejam resolvidas num país e outras em outro país. Entretanto, não seria apenas a escolha do foro a preocupação das empresas contratantes, mas também o direito a ser aplicado: de um país ou de outro? Se ambos ao mesmo tempo? De alguma convenção internacional? Dos costumes internacionais, como a *"lex mercatoria?"*.

Outros problemas mais delicados envolvem a solução de litígios empresariais, quer internacionais, quer nacionais. As vias costumeiras de solução têm apresentado sensível inadequação para o exame de divergências entre empresas engajadas num contrato. Por essas e por outras razões, as normas internacionais penetram no Brasil, transformando-se em direito nacional, como foi o caso da arbitragem.

A moderna vida empresarial, desenvolvida no mundo caracterizado pela produção em série, pela aplicação da tecnologia nas atividades produtivas, pela informática, pela era da globalização e crescente internacionalização das atividades empresariais, pela formação de inúmeros contratos novos e complexos, pela formação de blocos econômicos, como o MERCOSUL e a UNIÃO EUROPEIA, introduziu profundas modificações nas operações econômicas. Os modernos contratos empresariais desgarram-se dos modelos tradicionais, criados pelo direito romano. A cada dia que passa, alastra-se a aplicação do contrato de adesão, prática desconhecida há pouco tempo. Os contratos são híbridos, formados por pedaços de outros e cláusulas de moderna criação, como a *"acceleration clause"*, de *"hardship"*, de "força maior". Basta examinar o "contrato de alienação fiduciária em garantia", calcado numa dezena de institutos jurídicos, mesmo tradicionais, mas de novos matizes. Os problemas são novos, imprevistos, inusitados.

Para a solução de problemas novos e inusitados, temos que criar mecanismos novos de solução. Não podemos resolver os modernos problemas empresariais utilizando-se de mecanismos seculares, criados para a resolução de conflitos empresariais do século passado. É de se criar fórmulas alternativas de resolução de pendências, aliás já em aplicação e desenvolvimento no Brasil e no restante do mundo, com pleno sucesso.

Tradicionalmente, o esquema de solução de lides se dá por meio da justiça pública, exercida pelo Poder Judiciário. O direito em que se fulcra o julgamento judicial é o legislado, de inspiração romana, consubstanciado principalmente no antigo Código Comercial e no Código Civil. Esse esquema tradicional revela-se hoje inteiramente defasado, anacrônico e inadequado. Sua manutenção tem causado imensos prejuízos ao país, tornando a situação bastante grave, embora suportável. Dentro em breve, porém, a tolerância terá o seu fim. O Poder Judiciário no Brasil, como na maioria dos países, está acéfalo, sucatado e emperrado. Não cumpre a sua missão e nem terá condições de cumpri-la, uma vez que essa situação calamitosa se agrava de forma assustadora. A demora na solução de tão angustiante problema vem causando inquietações, desavenças e até explosões de revolta.

Atualmente está em andamento a Comissão Parlamentar para encontrar soluções. Os órgãos de comunicação expõem constantemente essas circunstâncias, de maneira às vezes bombástica e sensacionalista, abafando a divulgação de fórmulas sensatas e científicas, levantadas por juristas e magistrados. Em nosso parecer, tais comissões examinam um problema insolúvel; portanto, será tempo perdido desenvolver tais estudos. Só após a adoção de arbitragem pode-se pensar no aprimoramento do Judiciário e na solução de seus problemas.

Urge, portanto, que, doravante, toda empresa que se constituir sob a forma de sociedade simples ou sociedade empresária preveja no seu contato social cláusula de eleição de foro, constando que as possíveis divergências na interpretação ou execução desse contrato sejam resolvidas pela arbitragem. Para as empresas já constituídas, deve o contrato social ser modificado, com a inclusão dessa cláusula.

No tocante ao relacionamento com terceiros, deve ser incluída essa mesma cláusula, dizendo que a sociedade procurará resolver possíveis litígios por meio da arbitragem. Neste caso, não se pode impor obrigatoriedade, pois há questões que forçosamente exigirão processo judicial. Na arbitragem só poderão ser discutidos direitos patrimoniais disponíveis.

O próprio Brasil é fruto da arbitragem. Logo após a declaração da independência, em 7.9.1822, o Brasil tentou sua aceitação no concerto dos países, sendo repelido. Foi celebrado acordo entre o Imperador do Brasil e o Rei de Portugal, que afinal eram pai e filho, de constituir um tribunal arbitral para julgar se caberia o desmembramento. Esse tribunal, formado pelo Rei da Inglaterra, da França e da Áustria, julgou a questão em favor do Brasil, que passou a ser reconhecido.

15.3. Características e vantagens da arbitragem

A sensatez está, pois, em reconhecer a inviabilidade do esquema tradicional de solução de litígios e adotar novas fórmulas paralelas, consentâneas com o mundo moderno e as necessidades da sociedade, mormente no que tange às empresas. Os novos esquemas devem atender às características essenciais para que a justiça se exerça: rapidez, sigilo, adequação jurídica, confiabilidade, baixa contenciosidade, especialidade. São características exigidas pela nova ordem econômica e jurídica nacional e internacional e pela moderna orientação empresarial. O sistema tradicional de resolução de lides, vale dizer, a solução judiciária, não atende a qualquer dessas exigências fulminando as seculares formas processuais. Há necessidade de falarmos sobre as vantagens da arbitragem, como forma alternativa de resolução de disputas.

Rapidez

A primeira delas e por razões de importância é a rapidez na solução de problemas empresariais. Não pode a empresa moderna ficar na dependência de soluções judiciárias para continuar sua vida. O tempo normal da morosidade da justiça para a resolução definitiva de um processo é de dez anos, o que perturba e amarra o desenvolvimento das atividades empresariais.

Um importante conglomerado de órgãos de comunicação, verdadeiro império econômico, encontra-se em estado pré-falimentar, com impostos atrasados e salários sem pagar, ameaçado de fechamento com incontáveis prejuízos à coletividade. Várias soluções já foram apresentadas, mas todas esbarram na espera de certas soluções judiciais que se eternizam. Está *"sub judice"* o direito de propriedade da maioria das ações da empresa, aguardando o fim de processos que estão correndo há mais de dez anos. Inúmeras empresas encontram-se na mesma situação: não podem tomar importantes decisões, por aguardarem algum provimento judicial, com interminável espera.

A maioria das empresas brasileiras encontra-se em esquisita e delicada situação quanto ao cumprimento de contratos. Se duas empresas têm problemas a resolver, referentes a um contrato que celebraram, necessário se torna que tais problemas sejam resolvidos de forma justa, adequada e rápida. Caso contrário, o relacionamento entre elas estará detido ou tumultuado e o cumprimento do contrato ameaçado. O velho brocardo de que "a justiça tarda, mas não falha" é uma falácia, uma enganação: se a justiça tarda, ela já é falha. Mais precisamente, a justiça tardia é a negação da justiça; é justiça inexistente. É, pois, o apanágio da justiça moderna, de pretensão empresarial: a celeridade. E não se pode alegar o provérbio de que a pressa é inimiga da perfeição; não se requer pressa, mas presteza.

Só para dar uma ideia do que representa a morosidade na solução de problemas, vamos citar um exemplo ocorrido entre nós. No início do século XX, um grupo de proprietários rurais constituiu uma empresa para construir uma estrada de ferro, que se chamou Companhia Paulista de Estradas de Ferro. O Poder Público colaborou com a iniciativa, desapropriando longa faixa de terra em que a estrada passaria. Até hoje não foi pago o valor da desapropriação e o processo de cobrança corre na Justiça de São Paulo. Todos os desapropriados já morreram e também seus filhos. A terceira geração continua dando prosseguimento aos processos, que se arrastam há mais de um século, uma vez que foram já julgados há 40 anos atrás e o Poder Público foi condenado a pagar as indenizações, mas não foram pagas em virtude de minúcias judiciárias.

Sigilo

Examinemos a segunda exigência empresarial para a justiça considerada conveniente: o sigilo. Não é do interesse das empresas que suas divergências referentes à interpretação da execução de um contrato se tornem do domínio público. Nem é interesse delas que seus contratos fiquem no fórum, à disposição de quem possa se interessar. As discussões empresariais podem ter utilidade para a concorrência, mas, são de enorme inconveniência para as empresas. Predomina no processo judicial o princípio da publicidade, excetuando-se alguns casos de segredo de justiça. Discute-se num processo, muitas vezes, segredo de fábrica, como a fórmula de um remédio, comportamento financeiro de empresa, direitos reservados, tecnologia de produção, *"know-how"*, dificuldades de caixa, cuja divulgação traz manifestos prejuízos para as partes.

Maleabilidade

Em terceiro lugar, podemos nos referir à maleabilidade da arbitragem na adoção do direito aplicável, sem a rigidez do direito comum, continuador da rigidez romana. As partes desfrutam de mais esta faculdade: além da livre escolha dos juízes arbitrais, fica-lhes reservada também a livre escolha do direito aplicável no julgamento. Cada caso examinado apresenta características próprias, afastando-se da aplicação de normas tradicionais do direito de inspiração romana. O juiz togado encontra-se inibido de adequar o direito à solução do processo em tela, apesar da Lei de Introdução ao Código Civil, no art. 5º, dar-lhe a faculdade de liberalizar a aplicação da lei, ao dizer que poderá ele levar em conta os fins sociais a que ela se dirige e as exigências do bem comum. O juiz arbitral está mais à vontade, desde que as partes tenham decidido lhe dar essa liberdade. É possível, então, se desvencilhar do anacrônico, superado e rígido direito criado há 2.000 anos e a dez mil quilômetros de São Paulo. No procedimento arbitral não há recursos judiciais, mandados de segurança e outros entraves ao encaminhamento da questão.

Confiabilidade

Outro aspecto a ser considerado é o da confiabilidade do julgamento arbitral. O árbitro, ou os árbitros, são escolhidos pelas partes, sendo-lhes, portanto, facultado arredar do julgamento de sua questão quem não lhe mereça confiança. Não poderá qualquer das partes reclamar da decisão arbitral, visto que o prolator da sentença teve a sua aprovação antes de iniciar-se o processo. Durante o processo poderão ser levantadas exceções. Se o árbitro se revela moroso, complicado ou não cumpre seus deveres, as partes o destituem de imediato e nomeiam outro.

Especialidade

Como quinta característica desse esquema de solução de litígios empresariais deve ser citada a especialidade. A complexidade das modernas relações empresariais criou um novo direito e os problemas são de tal maneira *"sui generis"* que dificilmente poderão ser analisados, compreendidos e julgados a não ser por pessoas especializadas. Apontemos, como exemplo, o que ocorre com numerosos julgamentos referentes à prestação de serviços médicos: são problemas de tal maneira especializados que só poderão ser julgados por pessoas especializadas. Como exemplo, podemos citar a ARBITRAGIO, que instalou um tribunal especializado em questões imobiliárias, em conexão com o órgão representativo dos corretores de imóveis.

O juiz, de formação jurídica, pode-se servir de laudos técnicos, apresentados pelas partes e por assistente técnico da escolha judicial, conforme preceitua o Código de Processo Civil. Esse sistema é superado e ineficaz há muitos anos, razão pela qual se eternizam as questões em julgamento.

Baixa contenciosidade

Chegamos agora à última das seis características levantadas, como as mais importantes, malgrado haja muitas outras deixadas de lado, por não apresentarem a mesma relevância. É o alto nível das discussões, a baixa contenciosidade. Problema sério do direito atual e da vida forense, causando dificuldade e ineficácia ao próprio Poder Judiciário, é a elevada contenciosidade dos processos judiciais. Longa série de fatores acirram o ânimo das partes, fazendo-as descer ao nível dos insultos e revelações inconvenientes. O pretório transformou-se numa arena de digladiadores em luta encarniçada. Essas circunstâncias dificultam o andamento do processo, o julgamento da questão e a eficácia da solução. Urge encontrarmos o meio adequado de arrefecimento dos ânimos, sem isso não se poderá chegar a soluções adequadas. Essa troca de farpas e insultos não pode caber em discussões de problemas empresariais. Empresas não têm sentimentos feridos; não têm honra e outros sentimentos próprios de pessoa natural. Empresas têm interesses a tratar; direitos a defender. Seu interesse é a justa composição da lide e minimização de prejuízos.

15.4. Tipos de arbitragem

É conveniente referir-se aos vários tipos de arbitragem. São de direito público ou de direito privado, nacional ou internacional, civil ou empresarial. A arbitragem de direito público é a que se aplica ao julgamento de divergências entre países ou pelo Estatuto da Corte Permanente de Arbitragem, órgão sediado em Haia (Holanda), existente há mais de um século. Não é desse tipo de arbitragem a que estamos nos referindo, mas trataremos da arbitragem empresarial. A arbitragem pode ser nacional e internacional. Será nacional, se dirimir controvérsias entre empresas nacionais ou quando aplicar a lei de um só país. A internacional julga questões que exijam a aplicação da lei de dois ou mais países.

O que estamos examinando, porém, é a arbitragem empresarial, de direito privado e essencialmente nacional. É regulamentada pela Lei 9.307/96, chamada de Lei da Arbitragem ou Lei Marco Maciel, por ter sido da iniciativa do Vice-presidente da República daquela época. Trata-se de lei de boa feitura, ampla na sua disposição, dando eficácia à arbitragem. Regulamenta, em vários capítulos, a instauração da arbitragem, os árbitros, o procedimento arbitral, as normas aplicáveis, a sentença arbitral, a homologação de sentenças estrangeiras.

Para melhor compreensão dessa lei, temos, entretanto, de nos referir a outros diplomas jurídicos que a inspiraram, mesmo porque possuem eficácia no Brasil. A primeira invocação, no nosso caso, é o Regulamento da CIA – Corte Internacional de Arbitragem, órgão pertencente à CCI – Câmara de Comércio Internacional.

A maioria dos contratos internacionais trazem cláusula de eleição de foro, escolhendo a CIA como órgão julgador, ou então, aplicando o estatuto desta, ainda que esteja o julgamento a cargo de outra câmara arbitral.

Duas convenções internacionais regulamentaram a arbitragem num sentido geral, celebradas em Genebra em 1923 e 1928. O Brasil participou dessas convenções, transformadas em leis brasileiras. Importantíssima foi a Convenção de Nova York, regulamentando a arbitragem privada, a que o Brasil aderiu. Como, entretanto, se trata de convenção adotada pelos principais países, devemos obedecê-la se ela for invocada em contratos empresariais.

Importante ainda é a Lei Modelo da UNCITRAL, de que faremos algumas referências. A ONU vem divulgando em todos os países a cultura da arbitragem, trabalhando intensamente para manter certa uniformidade na legislação arbitral dos países que a adotarem. Este trabalho processa-se graças a dois órgãos da ONU:

UNCITRAL – United Nations Conference on International Trade Law

Este órgão tem várias funções. A principal delas é a elaboração de um código comercial internacional, visando à harmonização e

210

uniformização do direito empresarial no mundo todo. Enquanto esse código não sai, a UNCITRAL desenvolve ação divulgando a regulamentação de contratos internacionais e colaborando com os países, no estabelecimento de legislação de direito empresarial, atendendo a essa uniformização.

A UNCITRAL conta com a assistência técnica da CCI, na elaboração de normas a serem aplicadas na regulamentação do comércio internacional (TRADE). Se fôssemos considerar esse órgão da ONU em nosso idioma, iríamos chamá-lo de: CNUDCI – Conferência das Nações Unidas para o Direito do Comércio Internacional. A ação de maior interesse no que tange à arbitragem é que a UNCITRAL elaborou a lei-modelo de arbitragem, com a colaboração técnica da CCI. Essa lei-modelo é bem ampla e genérica, de tal forma que a arbitragem pode ser adaptada em qualquer país. Vários países reformularam sua legislação, com base nela. Foi o que aconteceu com o Brasil, cuja lei básica da arbitragem, a Lei 9.307/96, incorpora muitas disposições da lei-modelo da UNCITRAL e de convenções internacionais.

UNCTAD – United Nations Conference on Trade and Development

Este órgão da ONU atua paralelamente à UNCITRAL, mas esta é um órgão jurídico, enquanto a UNCTAD ocupa-se das práticas do comércio internacional, procurando regulamentar as operações econômicas internacionais, visando a desenvolvê-las e harmonizá-las. Uma das formas para atender a esse objetivo é a da aplicação da arbitragem para a resolução de disputas no comércio internacional.

15.5. Como se institui o juízo arbitral

É preciso que as partes estejam de acordo; é uma opção das partes. Podem apelar para a justiça pública, mas, se não quiserem assim, apelarão para a arbitragem. Não pode haver imposição da arbitragem; ela depende de uma convenção entre as partes: é, portanto, uma justiça convencional. Essa convenção é chamada de convenção arbitral.

Quem poderá requerer a arbitragem e em quais casos é o que a lei vai dispor. Segundo o art. 1º da Lei da Arbitragem:

> As pessoas capazes de contratar poderão valer-se da arbitragem para dirimir litígios relativos a direitos patrimoniais disponíveis.

Toda empresa registrada na Junta Comercial será parte capaz de contratar. O registro no órgão público competente dá à empresa personalidade jurídica, ou seja, capacita-a a adquirir direitos e contrair obrigações. Poderá, portanto, celebrar a convenção arbitral, que apresenta as características de um contrato. Todos os direitos de uma empresa são disponíveis, vale dizer, admitem transação. Por tais razões, a arbitragem é um instituto tipicamente empresarial, malgrado seja aplicado a relacionamentos jurídicos na órbita civil. É também capaz, a sociedade civil.

A convenção arbitral pode ser porém de dois tipos, os quais determinarão dois tipos de arbitragem.

Compromisso

É a convenção celebrada pelas partes para a resolução de uma controvérsia já existente entre elas, questão que poderá até mesmo estar sendo discutida na justiça. Haverá, então, o compromisso judicial e o extrajudicial.

O compromisso arbitral judicial será celebrado por termo nos autos, perante o juízo ou tribunal em que tem curso a demanda. Neste caso, o juiz extinguirá o processo, liberando os autos para as partes, a fim de serem encaminhados ao juízo arbitral. Aliás, o Código de Processo Civil prevê como uma das causas para a extinção do processo, no inciso VII, a convenção de arbitragem.

Cláusula compromissória

Esta convenção arbitral é uma cláusula inserida num contrato. Os contratos trazem normalmente a cláusula denominada "eleição de foro". Poderá também esta cláusula estabelecer que possíveis divergências entre as empresas contratantes devam ser resolvidas por arbitragem, indicando, ainda, a que órgão arbitral institucional ou entidade especializada perante os quais a arbitragem será instituída e processada. Como órgão arbitral institucional, podemos apontar, como exemplo, a CIA – Corte Internacional de Arbitragem, e como entidade especializada a Associação Brasileira de Arbitragem – ABAR. Há muitas outras cortes arbitrais em São Paulo e em várias cidades brasileiras, estando registradas em São Paulo mais de duzentas câmaras arbitrais, como, por exemplo, a *Arbitragio – Câmara de Mediação e Arbitragem em Relações Negociais.*

Fala a cláusula compromissória de um potencial litígio; ele ainda não existe, mas poderá surgir a qualquer momento. Esse tipo de convenção antecede ao litígio, tendo, pois, um caráter preventivo. A solução de uma controvérsia ficou prevista pela cláusula compromissória, constando no próprio contrato sobre o qual passa a haver alguma dúvida futura. Esta cláusula deve ser estipulada por escrito, podendo ser inserida no próprio contrato ou em documento apartado, que se refira a esse contrato. É de natureza contratual, pois é estabelecida por comum acordo e só se refere a um contrato. É mais uma razão para apoiar a ideia de que a arbitragem é aplicável marcantemente na área contratual. Não existe no direito brasileiro cláusula compromissória a não ser referente a um contrato e estabelecida de forma contratual.

Procurou precaver-se a lei brasileira quanto aos abusos que possam originar-se do contrato de adesão, tipo de contrato muito em moda hoje em dia e de crescente domínio. O contrato de adesão é elaborado por uma das partes, estabelecendo todas as cláusulas. A proposta desse contrato é apresentada pela parte elaboradora, de posição claramente forte e predominante, à outra parte, que se vê na posição de aceitar as cláusulas em bloco, ou não celebrará o contrato.

No contrato de adesão, a cláusula compromissória só terá eficácia se for escrita em letras bem realçadas, distinguindo-se das demais cláusulas. Ou, então, se for celebrada em documento à parte, como aditivo ao contrato. Poderá ainda vir após a assinatura do contrato, com letras mais salientes e com nova assinatura. Assim deve ser feito no contrato de trabalho, de seguros, em contratos bancários e outros em que são celebrados em impresso próprio.

Poderão as partes indicar na convenção, além da adoção da arbitragem, também o nome do árbitro que deverá julgar a questão, ou o órgão arbitral ou entidade especializada, como, por exemplo, a Associação Brasileira de Arbitragem – ABAR.

15.6. O passivo judicial das empresas

Realidade pouco divulgada na vida empresarial é a vultosa dívida decorrente de processos judiciais, colocando em situação instável as empresas brasileiras. Bastaria citar o passivo trabalhista formado pelas reclamações de empregados na Justiça do Trabalho. Em todo o Brasil correm mais de dois milhões de processos trabalhistas, cujos valores cobrados atingem patamares bem acima de todo o meio circulante no país. Verdade é que a maioria desses processos não chegam ao fim e os valores reclamados constituem mera ficção. Todavia, são valores *"sub judice"*, documentados pelo próprio processo e poderão ser julgados procedentes.

Muitas empresas sofrem processos cujo montante reclamado ultrapassa todo o seu capital e seu patrimônio. A procedência de uma só ação poderia engolir seu capital. Se uma empresa exerce ação judicial, o valor defendido é sempre contabilizado e lastreado por documentos, como, por exemplo, duplicata. As cobranças contra ela, mormente as trabalhistas, contudo, não são contabilizadas, malgrado tenha sido ela citada para os termos dessa ação. Se fosse contabilizar esses débitos, estaria financeiramente estourada. É esse o estado da maioria das empresas do Brasil. Embora seja um estado artificial, não deixa de ser alarmante.

Saindo, porém, da área trabalhista, estamos defronte a uma situação constrangedora. Muitas empresas necessitam de tomar decisões importantes, mas se encontram inibidas de tomar qualquer iniciativa, por dependerem de decisões judiciais, aguardadas há muitos anos. Os processos judiciais tolhem as iniciativas empresariais, emperram o desenvolvimento econômico, acirram litígios de toda espécie e estimulam as fraudes e as aventuras.

Não há, portanto, justiça, pois justiça tardia é a negação da justiça. O juiz que retarda o exercício de suas funções jurisdicionais está negando a justiça. A velha e surrada frase de que "a justiça tarda, mas não falha" é uma falácia, uma enganação; se a justiça tarda, ela já é falha.

Há um desassossego, um estado de angústia empresarial. Sabe todo empresário que a espada de Dâmocles pende sobre sua cabeça. Cabe ao Direito Empresarial encontrar a solução para essa angústia que está se tornando insuportável para as empresas do Brasil. E a solução está apresentada pela Lei 9.307/96, dando novos contornos e eficácia à arbitragem. Urge a imediata adoção de meios alternativos para a solução de controvérsias empresariais. De nada poderia adiantar a modernização do Direito Empresarial, se este não tiver mecanismos adequados de aplicação.

15.7. A remuneração da arbitragem

Sendo a arbitragem uma justiça privada, exercida por juízes privados, não há participação estatal. Os árbitros são indicados pelas partes contendentes ou elas escolhem qual o tribunal arbitral a encarregar-se do julgamento. Cabe, então, a elas a remuneração do serviço prestado e a remuneração dos árbitros. Essa remuneração será combinada entre as partes litigantes e o árbitro, caso se trate de árbitro singular. Caso, entretanto, se trate de um tribunal institucionalizado, ou seja, uma entidade especializada em arbitragem, cada uma tem sua tabela de preços. Geralmente é uma porcentagem sobre o valor da causa, havendo um limite mínimo e um máximo.

Essa jurisdição paga contrapõe-se à jurisdição gratuita. Há várias ponderações necessárias a esse respeito. A justiça pública não é totalmente gratuita: há custas do processo, a juntada de mandato, da diligência do oficial de justiça, publicação de editais e muitas outras. As cópias de peças processuais são de preço elevado. Deve-se levar em conta os inúmeros gastos de idas e vindas ao fórum, de audiências, que vão se acumulando pelos anos afora. É dispendiosa para as empresas a manutenção de um advogado ou departamento jurídico. Ao final, o processo custou preço bem elevado.

Não é o que ocorre na arbitragem. O advogado tem um prazo bem curto para o seu trabalho, que é mais facilitado e produtivo. Segundo o artigo 23 da Lei da Arbitragem, as partes em litígio poderão prever o prazo desejado por elas, como, por exemplo, um mês. Caso não fique estabelecido esse prazo, vigora então o prazo legal, que é de seis meses. Se o juízo arbitral não prolatar a sentença no prazo legal, ou no prazo convencionado pelas partes, poderá responder civil e criminalmente por essa desídia, podendo até ser alvo de ação de reparação de danos, se a falha tiver causado danos para uma ou ambas as partes.

Sendo o trabalho do advogado bem mais rápido e facilitado, sua remuneração poderá ser bem menor. O trabalho exercido durante um mês é menos dispendioso do que o exercido durante dez anos. De forma alguma o advogado será prejudicado. Nas atuais circunstâncias, é por demais ilusória a remuneração do trabalho advocatício: o advogado recebe previamente sua remuneração e por ela terá de trabalhar anos a fio; será cobrada pela sua cliente a solução do feito e terá gastos de condução e recolhimento de custas. Cedo verá o advogado que sua remuneração foi corroída por gastos contínuos, enquanto se esfalfa e se desgasta.

Numa análise mais profunda, veremos que a arbitragem racionaliza o trabalho de uma empresa, diminuindo seus custos operacionais. Por outro lado, racionaliza também o trabalho do advogado, valorizando sua remuneração. Poderá ele, assim, apresentar menores exigências, provocando maior volume de ações.

15.8. As raízes brasileiras da arbitragem

O Brasil nunca foi indiferente à arbitragem, malgrado tenha ela emergido com vigor apenas com o advento da Lei 9.307, de 23/09/96. Durante o Império e mesmo nos primórdios de nossa vida como nação independente e soberana, antes que se elaborasse legislação nativa, vigoravam as Ordenações do Reino, em que a arbitragem era admitida. Proclamada a Independência, surgiu nossa primeira constituição, em 1824, prevendo a resolução de divergências jurídicas civis por meio da arbitragem.

Em 1850, porém, passa a vigorar o nosso Código Comercial, apontando a arbitragem como fórmula de solução para vários tipos de controvérsias no âmbito empresarial. Incisivo é o art. 783, ao apontar a arbitragem para a solução de divergências em operações de comércio marítimo. O art. 302, na alínea 5, diz que o ato constitutivo de uma sociedade mercantil deve trazer a "forma da nomeação dos árbitros para juízes das dúvidas sociais". O art. 294 é ainda mais peremptório:

> *Todas as questões sociais que se suscitarem entre sócios durante a existência da sociedade ou companhia, sua liquidação ou partilha, serão decididas em juízo arbitral.*

Posteriormente, a arbitragem foi regulamentada de forma ampla pelo Código Civil de 1916, nos arts. 1.040 a 1.047 e seu *"modus faciendi"* no Código de Progresso Civil de 1939, confirmado pelo atual CPC, de 1973. Essas partes foram derrogadas pela atual Lei de Arbitragem, mais propriamente dizendo, as disposições do Código Civil e do CPC não foram revogadas, mas incorporadas na nova Lei da Arbitragem.

Havia, portanto, um substrato legislativo da arbitragem antes que a nova lei fosse elaborada. Não estão sendo aqui invocadas as raízes internacionais, mas apenas as nacionais. Podemos ainda citar a prática da arbitragem no Brasil, como, por exemplo, as resoluções dos problemas relacionados ao Território do Acre e ao das Missões e o estabelecimento dos limites territoriais do Brasil e países limítrofes, todos resolvidos por arbitragem. Foi no julgamento arbitral dessas questões que se realçou a atuação do Barão do Rio Branco, como advogado do Brasil.

Podemos, ainda, fazer referência ao fato de o Brasil, além de submeter-se à arbitragem, atuou também como árbitro em certas questões internacionais ocorridas no século passado.

15.9. As lições do passado

E não se trata de nenhuma novidade. A arbitragem tinha sido prevista no Código de Hamurabi, da antiga Babilônia, há 2.800 anos antes de Cristo. Foi decantada pelos grandes filósofos gregos e na antiga Roma foi regulamentada por leis diversas, e assim hoje essa regulamentação prevalece, tendo sido mais aplicada do que a Justiça romana. Na Idade Média, predominou porquanto as nações emergentes da conquista do Império Romano custaram para formar o Poder Judiciário. Venceu airosamente em todos esses séculos, provando sua eficácia.

No mundo moderno, a arbitragem predomina em grande parte dos países mais adiantados, como os países europeus. Nos Estados Unidos da América, 80% dos litígios são resolvidos por arbitragem. No Canadá, a incidência é ainda maior. Nas duas Coreias, de regimes tão diferentes, vigora a mesma lei arbitral. Na antiga União Soviética, de regime centralizador, em que tudo era concentrado nas mãos do Estado, ele abriu mão do monopólio estatal da justiça e reservou poderes à arbitragem, que passou a manter posição de superioridade até mesmo ante a justiça do Estado.

A preponderância da arbitragem no Japão é absoluta; bastaria dizer que normalmente correm no judiciário japonês 2.000 processos de natureza trabalhista, enquanto no Brasil correm mais de dois milhões. Um desses países deve estar errado, pois não se pode compreender tamanho paradoxo.

16. NOME EMPRESARIAL

16.1. Conceito de nome empresarial

16.2. Firma

16.3. Firma individual

16.4. Firma social

16.5. Denominação

16.6. Proteção ao nome empresarial

16.7. Princípios informadores do nome empresarial

16.8. Nome da microempresa e da empresa de pequeno porte

16.9. Empresas em recuperação judicial, em liquidação e binacionais

16.1. Conceito de nome empresarial

Em certos aspectos, a pessoa jurídica tem alguma semelhança com a pessoa física: tem nome, nacionalidade e domicílio; registra-se perante órgão de registro público com as características diferenciadoras.

Assim, toda empresa, seja o empresário individual, a sociedade empresária ou a sociedade simples, ao registrar-se perante o órgão público competente, registra também o nome para o exercício da empresa, vale dizer, o nome sob o qual exercerá sua atividade e se obrigará nos atos a ela pertinentes. É o principal elemento de identificação da empresa: assim será ela conhecida e identificada.

O nome empresarial é um bem de natureza intelectual, objeto de estudo do Direito de Propriedade Industrial. Foi cuidado, entretanto, não pela Lei de Patentes, mas pela Lei do Registro Público de Empresas Mercantis e Atividades Afins. De forma mais precisa e pormenorizada foi tratada pela Instrução Normativa 53/96 do DNRC – Departamento Nacional de Registro do Comércio. Essa norma antecedeu o que o novo Código Civil veio depois a dispor sobre o nome empresarial. Essa questão foi cuidada nos arts. 1.156 a 1.169 do Código Civil, cujas disposições amoldam-se ao moderno Direito Empresarial. Em 30.4.2007, o DNRC editou a Instrução Normativa 104, que substituiu as anteriores e vigora até hoje.

O nome empresarial é elemento de identificação da empresa, mas identificação direta. É, portanto, o principal deles. Há, entretanto, outros elementos de identificação da empresa a serem vistos posteriormente, mas são elementos indiretos.

16.2. Firma

São diversos os empregos do nome empresarial, de acordo com o tipo de empresa que o adota, razão por que exigem três tipos de nome empresarial:

FIRMA INDIVIDUAL (ou RAZÃO INDIVIDUAL);
FIRMA SOCIAL (ou RAZÃO SOCIAL);
DENOMINAÇÃO (ou DENOMINAÇÃO SOCIAL).

É conveniente esclarecer, para pôr termo à confusão reinante, que a palavra *firma* não é sinônimo de *empresa,* como frequentemente é utilizada. *Firma* é a assinatura; o nome com que a empresa assina seus documentos e usa nas suas operações.

O uso da firma, ou seja, a assinatura com o nome da empresa ocorre em dois casos: a *firma individual*, também chamada vulgarmente *razão individual*, e a firma social, também chamada de *razão social*. A firma individual é a firma utilizada pelo empresário, e a firma social é usada pela sociedade empresária. É o nome utilizado pelo empresário, pela sociedade empresária em que houver sócio de responsabilidade ilimitada. De forma facultativa, é também usada pela sociedade limitada.

16.3. Firma individual

A firma individual é a adotada pelo empresário mercantil individual, ou seja, uma pessoa natural, um indivíduo que se registra na Junta Comercial. Por exemplo: João Batista de Andrade Pontes registra-se na Junta Comercial como empresa individual. Sua firma, com que assinará, será igual ao seu nome próprio, ou poderá também abreviar para J. B. Andrade Pontes, para distinguir a pessoa física da jurídica, isto é, da firma.

16.4. Firma social

O nome empresarial compreende a firma e a denominação. A *razão social*, ou *firma social*, é outro caso do emprego de firma, mas é adotado por empresa coletiva, ou seja, por uma sociedade. É o nome empresarial com que a empresa assina documentos por qualquer um dos seus sócios; é com esse nome que a empresa exerce sua atividade. É utilizado por vários modelos de empresas, conforme seu tipo societário.

Trata-se de assinatura peculiar a alguns tipos de empresa, como a **sociedade em nome coletivo**, para a qual ela é obrigatória, por ter sócios de responsabilidade ilimitada e solidária. A sociedade limitada, entretanto, adota normalmente a denominação, sendo o uso de firma só facultado a ela, mas pouco utilizado. Contudo, é uma opção que lhe é oferecida e se alguma sociedade limitada adotá-la é porque lhe interessa.

Há dois tipos de firma: individual e social; é desta última que estamos falando. Ainda que a sociedade limitada adote a firma social, a responsabilidade dos sócios continua limitada, a menos que no nome empresarial deixe de constar a expressão *limitada* ou *Ltda*.

A firma social, também conhecida como razão social, é formada pelo nome de um ou mais sócios, de forma completa ou abreviada, admitida a supressão de prenomes Adiciona-se ao nome dos sócios o aditivo *& companhia* ou *& Cia*; poderá ser substituído por expressão equivalente, tal como *& filhos*, ou *& irmãos*, dentre outras. O & (ou e comercial) é mais usado por ser de tradição, mas pode ser usada a preposição comum, como *e companhia*.

Exemplifiquemos: Mario Gomes, Luis Borges e José Faria constituem uma sociedade limitada, com o uso de firma, que poderá ter os seguintes nomes, além de outros:

- Gomes, Borges & Cia. Ltda.
- Gomes, Faria & Cia. Ltda.
- Borges & Cia. Limitada
- José Faria, & Cia. Ltda.

Vejamos outro tipo de sociedade: João Bastos e Antonio Bastos são dois irmãos, e sua sociedade poderá chamar-se:
- Irmãos Bastos, Ltda.
- João Bastos & Cia. Ltda.
- Antonio Bastos & Cia. Ltda.
- João Bastos e Antonio Bastos Ltda.
- Bastos & Bastos Ltda.
- A. Bastos & Cia. Ltda.
- A. Bastos & Irmão Ltda.

Lembre-se que é essencial constar a expressão *limitada* ou abreviadamente *Ltda*. Se assim não for, a sociedade será de responsabilidade ilimitada.

O que caracteriza também a firma social é a expressão *e companhia*, ou usando o *e* comercial: *& Cia.*

16.5. Denominação

A sociedade limitada pode adotar firma ou denominação, sendo a última o costumeiro. Pouco se conhece a respeito de alguma sociedade limitada que adote firma, mas a lei lhe faculta essa opção. Ela não utiliza o nome próprio dos sócios, porém, veem-se muitas empresas com o nome de seu fundador ou de alguma personalidade, ou com apelido, sem identificar claramente o sócio. Vejamos, como exemplos, algumas nessas condições:
- Tecidos e Confecções George Washington Ltda.
- Indústria Metalúrgica Alberto Pecoraro Ltda.
- Marmoaria Milani Limitada
- Indústria de Doces Coringa Ltda. (Coringa é o apelido de um dos sócios)
- Comércio de Calçados Ebem Montini Ltda.

Algumas denominações já deixam claramente seu objeto social:

- Bar Augustus Ltda.
- Restaurante Cibus Ltda.
- Buffet França Ltda.
- Desentupidora Martins Ltda.
- Limpa Fossa Oeste Ltda.
- Panificadora Portugal Ltda.

Ao nosso modo de ver, não se pode abreviar *indústria* para *Ind.* Nem *comércio* para *Com.*, pois se a lei faculta *limitada* e *Ltda.* deveria facultar também a abreviatura de outras palavras. Por conseguinte, o objeto social de uma sociedade limitada deve indicar por extenso seu objeto social.

A denominação deverá conter dois elementos obrigatórios, em atendimento ao princípio da veracidade: o objetivo e o sacramental. Elemento objetivo é o ramo de atividade exercida pela empresa, a sua profissão, o segmento de mercado a que ela pertence. É o que se vê nos exemplos acima. A indicação do objeto social deve ser feita de modo específico e claro, não se admitindo expressões genéricas como indústria, comércio, serviços; indústria de quê? comércio de quê? Será indústria alimentícia, metalúrgica, química, movelheira, têxtil?

O elemento sacramental é a expressão que indique o tipo societário. No caso da sociedade limitada, no final do nome, deve constar a expressão *limitada*, por extenso, ou abreviada, *Ltda.*

O nome empresarial não poderá conter palavras ou expressões que atentem contra a moral e os bons costumes. Nem conterão expressões grosseiras ou depreciativas a pessoas, lugares, instituições, ou ridicularizem objetos dignos de admiração ou veneração. Seria o caso de Motel Nossa Senhora da Aparecida Ltda., Indústria de Preservativos Virgem Maria Ltda., e outros tais.

A denominação é formada com palavras de uso comum ou vulgar na língua nacional ou estrangeira e/ou com expressões de fantasia, com a indicação do objeto social. O que mais caracteriza a denominação é a ausência do nome dos sócios.

16.6. Proteção ao nome empresarial

O nome empresarial é um bem de natureza intelectual, objeto de estudo do Direito de Propriedade Industrial. Foi cuidado, entretanto, não pela Lei de Patentes, mas pela Lei do Registro Público de Empresas Mercantis e Atividades Afins, e por instruções normativas do DNRC – Departamento Nacional de Registro do Comércio, adotando o princípio da novidade. Ao ser registrada na Junta Comercial de seu Estado, a empresa terá seu nome protegido pela lei. Não poderão existir, na mesma unidade federativa, dois nomes empresariais idênticos ou semelhantes. Se a firma ou denominação for idêntica ou semelhante a de outra empresa já registrada, deverá ser modificada ou acrescida de designação que a distinga.

A proteção ao nome empresarial decorre, automaticamente, do ato de inscrição de empresário ou do arquivamento de ato constitutivo de sociedade empresária, bem como de sua alteração nesse sentido. A inscrição subscreve-se à unidade federativa de jurisdição da Junta Comercial que a tiver procedido. A proteção ao nome empresarial na jurisdição de outra Junta Comercial decorre, automaticamente, da abertura de filial nela registrada ou do arquivamento de pedido específico. Esse pedido deverá estar instruído com certidão da Junta Comercial da unidade federativa em que estiver localizada a sede da empresa.

No caso de transferência de sede ou de abertura de filial de empresa com sede em outra unidade federativa, havendo identidade ou semelhança entre nomes empresariais, a Junta Comercial não procederá ao arquivamento. Por exemplo: uma empresa de São Paulo transfere-se para Belo Horizonte, mas lá em Minas Gerais existe uma empresa com o mesmo nome: neste caso, a empresa de São Paulo não poderá ser registrada em Minas Gerais. Da mesma forma, se essa empresa de São Paulo quiser abrir uma filial em Belo Horizonte também não poderá, pois a filial terá o mesmo nome da empresa lá registrada. A possibilidade de registro poderá ocorrer se a empresa que se transferir arquivar na Junta Comercial de Minas Gerais ato de modificação de seu nome empresarial.

16.7. Princípios informadores do nome empresarial

O nome empresarial atenderá aos princípios da veracidade e da novidade e identificará, quando a lei assim o exigir, o tipo jurídico da empresa, mormente o modelo societário.

Princípio da Veracidade

Segundo o princípio da veracidade, a sociedade limitada não pode camuflar em seu nome atividade enganosa. O nome empresarial não poderá conter palavras ou expressões que denotem atividade não prevista no objeto social da empresa. Por exemplo: a empresa Indústria Caravela de Confecções e Tecidos Ltda.: Seu nome empresarial não poderá incluir *confecções*, se no seu objeto social constar apenas tecidos.

Por esse princípio, o nome empresarial revelará o tipo de empresa, estruturada segundo as normas do Direito Societário. A empresa pode ser de duas espécies: individual e coletiva. Esta divisão já foi prevista desde 1943 pelo art. 2º da CLT, cuja transcrição torna-se muito útil, tendo em vista o longo alcance doutrinário perante o Direito Empresarial. Ao definir o empregador, diz esse artigo:

> *Considera-se empregador a empresa individual ou coletiva, que, assumindo os riscos da atividade econômica, admite, assalaria e dirige a prestação pessoal de serviços.*

Por outro lado, o Direito Societário, o ramo do Direito Empresarial que examina a estrutura jurídica das empresas, prescreve vários modelos societários, que poderão ser adotados por uma empresa coletiva no Brasil. Dentro do princípio de veracidade, o nome empresarial, tanto com firma como com denominação, indicará a estrutura jurídica da empresa e consequente responsabilidade dos sócios.

No âmbito do princípio da veracidade, o nome de sócio que vier a falecer, for excluído ou se retirar, não pode ser conservado na firma social. Destarte, se na empresa Souza, Faria e Fernandes Ltda. houver o falecimento do Faria, seu nome terá que sair do nome empresarial, pois daria falsa impressão.

Princípio da Novidade

Falemos agora sobre o princípio da novidade. Por esse princípio, o nome empresarial deve ser novo, isto é, sem registro na Junta Comercial. Não poderão coexistir, na mesma unidade federativa, dois nomes empresariais idênticos ou semelhantes. Idênticos são os nomes com a mesma grafia. Com pronúncia diferente são homófonos; é o exemplo de *cowboy* e *caubói*. O primeiro a ser registrado revestia-se de novidade, mas o segundo não apresentava novidade e por isso não poderia ser registrado.

A novidade existe só para uma unidade federativa, para um Estado. A inscrição de uma sociedade limitada no registro próprio dá o caráter de novidade a esse registro, assegurando o uso exclusivo do nome nos limites do respectivo Estado. O uso previsto no art. 1.166 será estendido a todo território nacional, se for registrado na forma da lei especial. Não fica vedado a uma empresa do Rio Grande do Norte o mesmo nome de empresa do Rio Grande do Sul. Se, porém, uma delas mudar-se para o Estado da outra, seu nome não será novidade, e, portanto, terá que ser mudado.

16.8. Nome da microempresa e da empresa de pequeno porte

A regulamentação da qual estamos nos referindo era adotada também para a microempresa e empresa de pequeno porte. Todavia, a Lei Complementar 123/06 dispensou-as da obrigatoriedade de indicar o objeto social. Se, porém, a empresa deixar de ser microempresa (ME) ou empresa de pequeno porte (EPP), enquadrando-se no regime de sociedade limitada comum, terá de amoldar-se às novas regras estabelecidas pelo Código Civil e demais normas atinentes.

16.9. Empresas em recuperação judicial, em liquidação e binacionais

Se uma sociedade estiver em fase de liquidação, em todas os atos, documentos e publicações, o liquidante empregará a firma ou denominação social sempre seguida da cláusula *em liquidação*. Não se trata de mudança do nome empresarial, mas apenas a indicação de seu estado jurídico, nos termos do art. 16 da Instrução Normativa 104/2007.

Outra adição ao nome foi criada pela Lei de Recuperação de Empresas, a Lei 11.101/2005. Segundo o art. 191, parágrafo único dessa lei, quando uma empresa estiver em regime de recuperação judicial ou em estado de falência, no nome empresarial deverá constar a expressão em recuperação judicial ou em falência, conforme é confirmado pelo art. 17 da IN. 104/2007 do DNRC.

Os nomes das empresas binacionais brasileiro-argentinas deverão ser aditadas com a expressão: Binacional Brasileiro--Argentina ou Empresa Binacional Brasileiro-Argentina, ou abreviadamente EBBA ou EBAB. As sociedade estrangeiras autorizadas a funcionar no Brasil poderão acrescentar os termos *Do Brasil* ou *Para o Brasil*, aos seus nomes de origem. O Art. 15 da IN. 104/2007 fala *poderão* e não *deverão*, o que nos leva a crer que é uma faculdade e não obrigação. Entretanto, vê-se comumente essa prática como Volkswagen do Brasil Ltda, Ford do Brasil Ltda., General Motors do Brasil Ltda., Volvo do Brasil Ltda., Mercedes Bens do Brasil Ltda.

17. A SOCIEDADE ESTRANGEIRA

17.1. Conceito e legislação pertinente

17.2. Sistema de registro

17.3. Obrigações específicas

17.4. Restrições e impedimentos

17.5. O representante no Brasil

17.6. Publicação de balanços

17.1. Conceito e legislação pertinente

Assunto que mereceu especial cuidado da nova legislação pertinente foi o que diz respeito ao registro e autorização da sociedade estrangeira. Como se sabe, há várias restrições e impedimentos a essa sociedade na Constituição Federal de 1988 e em algumas outras leis, o que leva os órgãos competentes de registro, mormente a Junta Comercial, a observar algumas regras no registro dessa sociedade. Essas regras já tinham constado no Decreto 1.800/96, nos arts. 7º i, alínea "b", art. 32, inciso II, alínea "i" e art. 55 III. Para completar, o DNRC – Departamento Nacional de Registro do Comércio emitiu, em 28.12.1998, a Instrução Normativa 76, dispondo sobre o arquivamento de empresas mercantis em que participem estrangeiros residentes e domiciliados no Brasil, pessoas físicas, brasileiras ou estrangeiras, residentes e domiciliadas no exterior e pessoas jurídicas com sede no exterior.

Como lei mais recente e maior força, vieram os arts. 1.134 a 1.141 do novo Código Civil, que não vieram colidir com a normatização já existente. O novo Código Civil não fala que a sociedade estrangeira, qualquer que seja seu objeto social (ramo de atividade), deva ter registro, mas autorização do Governo para funcionar no País, ainda que por estabelecimento subordinados, podendo, todavia, ressalvados os casos expressos em lei, ser acionista de sociedade anônima brasileira. Essa autorização é resultante do registro no órgão competente.

Em primeiro lugar, teremos que distinguir bem a sociedade brasileira da estrangeira. Ao falar-se em sociedade, referimo-nos principalmente à sociedade mercantil. Perante a legislação ora comentada, a sociedade mercantil brasileira é aquela cujos atos constitutivos tenham sido registrados no Brasil, mais precisamente na Junta Comercial. Naturalmente, para que a Junta Comercial registre os documentos dessa sociedade, deverão eles ser elaborados de acordo com a lei brasileira. A sociedade mercantil estrangeira é aquela cujos atos constitutivos estão registrados no órgão competente de outro país e, em consequência, não foram elaborados segundo a lei do Brasil, mas conforme a lei do país em que estiver registrada.

Voltamos a repetir que sociedade estrangeira é caracterizada pelo fato de seus atos constitutivos terem sido registrados em outro país que não o Brasil e elaborados segundo a lei desse país. Este é o critério adotado.

Existem dois aspectos parecidos, mas diferentes quanto à presença de estrangeiros como sócios de sociedade limitada. O primeiro deles, do qual falamos no capítulo 2, item 8, é a presença de um ou mais sócios estrangeiros numa sociedade limitada, sem que ela deixe de ser empresa brasileira. Essa questão foi regulamentada pela Instrução Normativa 76/98 do DNRC, referente à participação de estrangeiros em sociedade brasileira.

O que estamos falando, neste capítulo, é uma situação diferente: é a empresa estrangeira, conforme foi ela definida, cuidada pela Instrução Normativa 81/98 do DNRC, dispondo sobre os pedidos de autorização para nacionalização ou instalação de filial, agência, sucursal ou estabelecimento no País, por sociedade mercantil estrangeira.

17.2. Sistema de registro

A sociedade mercantil estrangeira não poderá exercer atividades no Brasil a não ser depois de registrada no lugar em que se deva estabelecer. A sociedade limitada é considerada empresa mercantil. O registro, porém, será diferente do registro da sociedade mercantil nacional, cujos atos constitutivos são outros. O procedimento também será diferente. Segundo a Instrução Normativa 59/96, do DNRC, a sociedade mercantil estrangeira que desejar estabelecer filial, sucursal, agência ou estabelecimento no Brasil deverá solicitar autorização do Governo Federal para instalação e funcionamento, em requerimento dirigido ao ministro de Estado da Indústria, do Comércio e do Turismo, protocolizado no DNRC, que o examinará sem prejuízo da competência de outros órgãos federais. O requerimento, no caso da primeira filial, sucursal, agência ou estabelecimento no Brasil, será instruído com os seguintes documentos:

1. Cópia do ato que autorizou o funcionamento no Brasil e fixou o capital destinado às operações no território nacional; como exemplo do ato de deliberação sobre a instalação de filial, sucursal, agência ou estabelecimento no Brasil, podemos citar a ata da Assembleia Geral dos Acionistas, no caso de uma S.A. A empresa revestida da forma societária de sociedade anônima é regulamentada de forma mais ou menos uniforme pela maioria dos países juridicamente mais conceituados;

2. Inteiro teor do ato constitutivo da sociedade estrangeira em seu país, ou seja, contrato para a sociedade limitada e estatuto para a S.A.;

3. Relação dos membros de todos os órgãos da administração da sociedade, com o nome, nacionalidade, profissão, domicílio e, salvo quanto a ações ao portador, o valor da participação de cada um no capital da sociedade. Salva-se o caso de, em decorrência da legislação aplicável no país de origem, ser impossível cumprir essa exigência;

4. Prova de achar-se a sociedade constituída conforme a lei de seu país;
5. Prova da nomeação do representante permanente no Brasil, com poderes expressos para aceitar as condições exigidas para a autorização; deverá constar a procuração para o exercício desses poderes, entre eles, de tratar de quaisquer questões e resolvê-las definitivamente, podendo ser demandado e receber citação inicial pela sociedade;
6. Último balanço;
7. Guia de recolhimento do preço do serviço.

Os documentos serão autenticados, de conformidade com a lei nacional da sociedade requerente, legalizados no consulado brasileiro da respectiva sede e acompanhados de tradução em vernáculo.

No ato de deliberação sobre a instalação de filial, sucursal, agência ou estabelecimento no Brasil, deverão constar as atividades que a sociedade pretende exercer e o destaque do capital, em moeda brasileira, destinado às operações no Brasil, que será fixado no decreto de autorização.

Vê-se, pois, que o registro não é requerido diretamente perante a Junta Comercial, mas ao ministro de Estado da Indústria, do Comércio e do Turismo, diretamente junto ao DNRC. Não haverá necessidade de elaboração de atos constitutivos no Brasil, mas será registrado o ato constitutivo no exterior, devendo estar traduzido por tradutor oficial. Deverão ser juntados também os demais documentos exigidos por lei. Estando em termos o pedido e a documentação, o ministro da Indústria, do Comércio e do Turismo concederá a autorização para que a sociedade mercantil estrangeira se instale e desenvolva suas atividades.

O decreto de autorização expedido pelo Poder Executivo apontará o montante de capital destinado às operações no País, cabendo à sociedade registrada promover publicação dos atos que instruíram o pedido de autorização, que constam dos arts. 1.128, 1.129, 1.131 e 1.134-1o do Código Civil.

Entretanto, deverá essa sociedade providenciar o registro na Junta Comercial do Estado em que funcionar. Essas providências deverão repetir-se quando houver modificações nos atos constitutivos. Qualquer modificação no contrato, ou no estatuto, dependerá de aprovação do Governo, para produzir efeitos no território nacional. Se a sociedade estrangeira necessita de autorização para operar no Brasil, devendo juntar os atos constitutivos, necessita também de autorização para modificar esses atos. Essas modificações seguem o mesmo rito exigido para o registro, devendo apresentar:

1. Requerimento ao ministro de Estado da Indústria, do Comércio e do turismo, solicitando a devida aprovação, protocolizado no DNRC;
2. Ato de deliberação que promoveu a alteração; e.
3. Guia de recolhimento do preço do serviço.

Arquivados esses documentos, a inscrição será feita por termo em livro especial para as sociedades estrangeiras, com número de ordem continuo para todas a sociedades inscritas. No termo constarão:

1. O nome, o objeto social, a duração e a sede da sociedade no estrangeiro;
2. O lugar da sucursal, filial ou agência no Brasil;
3. A data e o número do decreto de autorização;
4. O capital destinado às operações no Brasil;
5. A individuação do seu representante legal permanente.

A sociedade estrangeira autorizada a funcionar ficará sujeita às leis e aos tribunais brasileiros, quanto aos atos ou operações praticados no Brasil.

17.3. Obrigações específicas

A sociedade mercantil estrangeira, autorizada a funcionar no Brasil, pode, mediante autorização do Governo, nacionalizar-se, transferindo sua sede para o País. O poder público e a lei brasileira facilitam e estimulam o investimento estrangeiro, facultando à sociedade estrangeira a possibilidade de nacionalizar-se. A transformação da sociedade estrangeira em sociedade brasileira equivale a uma alteração contratual. Essa transformação impõe várias obrigações, a primeira delas a de requerer, por seus representantes, autorização para tanto, juntando os mesmos documentos exigidos para o registro inicial, e ainda prova da realização do capital, pela forma declarada no contrato, ou nos estatutos, e do ato em que foi deliberada a nacionalização.

O Governo poderá impor as condições que julgar convenientes à defesa dos interesses nacionais. Aceitas as condições pelo representante legal da sociedade estrangeira, o ministro da Indústria, do Comércio e do Turismo expedirá decreto de autorização, e a sociedade providenciará seu registro na Junta Comercial da circunscrição em que irá se estabelecer.

O nome empresarial da sociedade estrangeira deverá ser o mesmo que o adotado no país de sua sede, podendo, contudo, acrescentar a esse a expressão "do Brasil" ou "para o Brasil". Ficará, então, sujeita às leis e aos tribunais brasileiros quanto às operações que praticar no Brasil.

Quanto aos documentos utilizados pela sociedade mercantil estrangeira no Brasil, quer para promover seus registros, quer para uso público de qualquer espécie, estabelecem nossas normas legais que não é permitida a utilização de documentos em idioma estrangeiro em órgãos oficiais. Os documentos oriundos do exterior deverão ser apresentados em originais devidamente autenticados, na conformidade da legislação aplicável no país de origem, e legalizados pela respectiva autoridade consular brasileira. Com os documentos originais serão apresentadas as respectivas tradições, feitas por tradutor público matriculado em qualquer Junta Comercial, o chamado *Tradutor Público Juramentado*.

17.4. Restrições e impedimentos

Estando devidamente registrada, a sociedade mercantil estrangeira poderá funcionar normalmente. No Brasil, porém, apesar de nossa Constituirão Federal e outras normas, como o

Código Civil, garantirem igualdade de direitos, há muitas reservas quanto a estrangeiros e sociedades mercantis estrangeiras. Ela não poderá realizar no Brasil atividades constantes do seu objeto social vedadas às sociedades estrangeiras e somente poderá exercer as que dependam da aprovação prévia de órgão governamental, sob as condições autorizadas. Certas áreas vedadas são previstas na própria Constituição Federal e a Junta Comercial observará o objeto social da sociedade mercantil estrangeira e negará o registro se esse objeto social não for de livre exercício.

A este respeito, o DNRC expediu Instrução Normativa, de n° 58, em 13/06/96, estabelecendo regras para o registro e indicando as áreas proibidas pela Constituição Federal de 1988 e outras leis. As restrições mais importantes são as seguintes, das quais daremos em seguida algumas explicações:

- Assistência à saúde;
- Navegação de cabotagem;
- Jornalismo;
- TV a cabo;
- Mineração e energia elétrica;
- Radiodifusão em som e imagem;
- Colonização;
- Transportes rodoviários de carga;
- S.A.;
- Microempresa.

Determinadas exigências, disposições e vedações a estrangeiros ou a sociedades estrangeiras e restrição legal da participação de estrangeiros, pessoas físicas ou jurídicas, em sociedades mercantis ou cooperativas, foram previstas na Constituição Federal e no Decreto 1.800/96, que regulamentou a Lei do Registro. Para melhor orientação quanto ao registro na Junta Comercial, estabeleceu certas regras pela Instrução Normativa n° 58, de 13/06/96.

Para o arquivamento de ato de empresa mercantil ou de cooperativa em que participe estrangeiro residente e domiciliado no Brasil, a Junta Comercial exigirá a prova de sua regular entrada e permanência no Brasil, de acordo com a legislação em vigor. Tratando-se de titular de firma mercantil individual (ou empresário mercantil individual), administrador de sociedade mercantil ou de cooperativa e de membro do conselho fiscal, a Junta Comercial exigirá do interessado a identidade com a prova de visto permanente.

A pessoa física, brasileira ou estrangeira, residente e domiciliada no exterior, e a pessoa jurídica com sede no exterior, que participe de sociedade mercantil ou de cooperativa, deverão arquivar na Junta Comercial procuração específica, outorgada ao seu representante no Brasil, com poderes para receber citação judicial em ações contra elas propostas, fundamentadas na legislação que rege o respectivo tipo societário. A procuração oriunda do exterior deverá ter a assinatura do outorgante reconhecida pelo consulado brasileiro no país respectivo e ser acompanhada de tradução efetuada por tradutor público matriculado em qualquer Junta Comercial.

A sociedade mercantil nacional, constituída apenas por pessoas físicas residentes no exterior e ou por pessoas jurídicas estrangeiras, deverá ser gerenciada ou dirigida por administrador residente no Brasil. Quanto às restrições e impedimentos de estrangeiros, cuja relação fora dada anteriormente, faremos algumas observações:

Assistência à saúde
É vedada a participação direta ou indireta de empresa ou capitais estrangeiros na assistência à saúde, salvo por meio de doações de organismos internacionais vinculados à Organização das Nações Unidas, de entidades de cooperação técnica e de financiamento e empréstimos. Essa restrição está prevista no art. 199, § 3º da CF.

Navegação de cabotagem
Somente brasileiro nato poderá ser titular de firma individual (empresário individual) de navegação de cabotagem. Tratando-se de sociedade mercantil, 50% mais uma cota ou ação, no mínimo, deverão pertencer a brasileiros natos. Em qualquer caso, a administração deverá ser constituída com a maioria de brasileiros natos, ou a brasileiros natos deverão ser delegados todos os poderes de

gerência. Para melhor esclarecimento, a navegação de cabotagem é a exercida apenas dentro de um país. É o que está previsto no art. 178, § 3º da CF.

Jornalismo

As empresas jornalísticas e as empresas de radiodifusão sonora e de sons e imagens deverão ser de propriedade privativa de brasileiros natos ou naturalizados há mais de 10 anos, aos quais caberão a responsabilidade por sua administração e orientação intelectual. É vedada a participação de pessoa jurídica no capital social, exceto a de partido político e de sociedades cujo capital pertença exclusiva e nominalmente a brasileiros. Tal participação só se efetuará por meio de capital sem direito a voto e não poderá exceder a 30% do capital social. Tratando-se de estrangeiro de nacionalidade portuguesa, segundo o Estatuto de Igualdade, são vedadas a responsabilidade e a orientação intelectual e administrativa, em empresas jornalísticas e em empresas de radiodifusão sonora e de sons e imagens. O Estatuto de Igualdade está previsto no art. 12, § 1º da CF e a nacionalização dos órgãos de comunicação no art. 222.

TV a cabo

A empresa de serviço de TV a cabo deverá ter sede no Brasil e 51% do seu capital votante deverá pertencer a brasileiros natos ou naturalizados há mais de 10 anos, ou a sociedade com sede no Brasil, cujo controle pertença a brasileiros natos ou naturalizados há mais de 10 anos.

Mineração e energia elétrica

A pesquisa e a lavra de recursos minerais e o aproveitamento dos potenciais de energia hidráulica somente poderão ser efetuados mediante autorização ou concessão da União, no interesse nacional, por brasileiros ou empresa constituída sob as leis brasileiras e que tenha sua sede e administração no Brasil. É o que consta do art. 176, § 1º da CF.

Radiodifusão

O capital de empresa de radiodifusão sonora e de sons e imagens, na faixa de fronteira, pertencerá somente a pessoas físicas brasileiras. A responsabilidade e orientação intelectual e administrativa do capital social serão inalienáveis e incaucionáveis a estrangeiros ou pessoas jurídicas. Esta vedação está prevista na Lei 6.634/79, que proíbe qualquer empresa estrangeira de estabelecer-se junto à fronteira do Brasil com outros países, fazendo referência especial a sociedades que se dediquem à radiodifusão.

Mineração

A sociedade mercantil de mineração deverá fazer constar expressamente de seu estatuto ou contrato social que, pelo menos, 51% do seu capital pertencerá a brasileiros, assegurados a estes poderes predominantes. No caso de empresário mercantil individual, só a brasileiros será permitido o estabelecimento ou exploração das atividades de mineração na faixa de fronteira. A administração ou gerência caberá sempre a brasileiros, sendo vedada a delegação de poderes, direção ou gerência a estrangeiro, ainda que por procuração outorgada pela sociedade ou empresário mercantil individual.

Colonização e loteamentos rurais

A sociedade mercantil que tiver por finalidade executar programa de valorização da área ou distribuição de terras deverá ser constituída e domiciliada no Brasil. No caso de empresário mercantil individual (também chamado firma mercantil individual), só a brasileiros será permitido escutar essas atividades. É vedada a delegação de poderes, direção ou gerencia a estrangeiro, ainda que por procuração outorgada pela sociedade ou firma mercantil individual.

Transporte de carga

A exploração do transporte rodoviário de carga é privativa de transportadores autônomos brasileiros, ou a eles equiparados por lei ou convenção, e de pessoas jurídicas que tenham sede no Brasil. Pelo menos 4/5 do capital social com direito a voto deverão pertencer a brasileiros, e a direção e administração caberão exclusivamente a brasileiros. Havendo sócio estrangeiro, a pessoa jurídica será obrigatoriamente organizada sob a forma de sociedade anônima, cujo estatuto social não poderá contemplar qualquer forma de tratamento especial ao sócio estrangeiro, além das garantias normais previstas em lei para proteção dos interesses dos acionistas minoritários. Da mesma forma que a navegação de cabotagem, a questão dos transportes está regulamentada no art. 178 da CF.

Sociedade anônima

O estrangeiro somente poderá ser administrador ou membro de conselho fiscal de S.A. se residir no Brasil e possuir visto permanente. A subsidiária integral terá como único acionista sociedade brasileira. Tratando-se de grupo de sociedades, a sociedade controladora, ou de comando do grupo, deverá ser brasileira. Essas exigências não constam da CF, mas constam da própria Lei das S.A. (Lei 6.404/76). O art. 251 diz da subsidiária integral.

Microempresa

A sociedade mercantil em que o titular ou sócio seja pessoa jurídica ou, ainda, pessoa física domiciliada no exterior não poderá ser incluída no regime instituído pelo Estatuto da Microempresa e da Empresa de Pequeno Porte (Lei 8.864/94).

17.5. O representante no Brasil

Há um fator bem sugestivo de diferenciação da sociedade estrangeira e a brasileira. É a necessidade da nomeação do representante da sociedade estrangeira no Brasil, com poderes para resolver quaisquer questões referentes a ela, inclusive para receber possível citação judicial, ou intimações, e responder por suas obrigações. Evita-se assim o odioso ocultamento de réus, devedores e outros solertes pacientes de obrigações diversas, para responder por elas.

Para garantia mais ampla, prescreve o art. 1.138 do Código Civil que a sociedade empresária autorizada a funcionar é obrigada a ter, permanentemente, representante no Brasil, com poderes para resolver quaisquer questões e receber citação judicial pela sociedade. O representante somente pode agir perante terceiros depois de arquivado e averbado o instrumento de sua nomeação. Portanto, haverá poderes para ser demandado e para demandar.

Quando requerer ao Ministro de Estado do Desenvolvimento, Indústria e Comércio, a empresa estrangeira deverá juntar ao requerimento o ato de deliberação sobre a nomeação do representante no Brasil, acompanhado de procuração que lhe dá poderes para tratar de quaisquer questões e resolvê-las definitivamente, podendo ser demandado e receber citação pela sociedade. Além desse documento, deve ser juntada declaração feita pelo representante no Brasil de que aceita as condições em que for dada a autorização para instalação e funcionamento pelo Governo Federal.

Essa obrigação para a sociedade limitada é reforçada pelo art. 119 da Lei das Sociedades por Ações, que a impõe para essas sociedades e, por analogia, se estende aos demais tipos societários. Igualmente, a Instrução Normativa 81/99 estabelece idêntica norma. Esses dispositivos legais são de ordem pública, pois visam a tutelar os interesses do Brasil e dos brasileiros que estabelecerem relacionamento com a empresa estrangeira.

Essa exigência é feita também à sociedade estrangeira que for quotista de sociedade brasileira. O sócio estrangeiro deverá ter representante no Brasil, nos termos anteriormente descritos. Vamos citar como exemplo a Volkswagen do Brasil: é uma empresa brasileira, constituída no Brasil, de acordo com a lei brasileira e registrada na Junta Comercial, como toda empresa brasileira. Contudo, seu capital está nas mãos de uma empresa alemã, ou seja, sediada fora do Brasil. A Volkswagen do Brasil não precisa observar as exigências para as empresas estrangeiras, visto que ela é empresa brasileira e seu representante legal deve constar no registro da Junta Comercial. Todavia, a empresa alemã, sócia da Volkswagen, deverá indicar seu representante, de acordo com as normas que acabamos de expor, que fazem parte do art. 2º da IN. 76/98.

244

Esse tipo de empresa não participa, de forma direta, das atividades econômicas no Brasil, por si mesma ou por filiais, agências ou sucursais. Ela atua de forma indireta, por meio de alguma empresa brasileira, da qual se torna sócia, ainda que de modo minoritário. A participação indireta exime a empresa estrangeira, sócia da brasileira, das formalidades para o registro, e não precisará nem do decreto de autorização. Terá, porém, de cumprir as exigências legais quanto ao seu representante no Brasil.

17.6. Publicação de balanços

Outra obrigação específica é imposta à sociedade estrangeira autorizada a funcionar no Brasil: é a de, sob pena de lhe ser cassada a autorização, reproduzir no Diário Oficial da União e do Estado, se for o caso, as publicações que, segundo sua lei nacional, ser obrigada a fazer relativamente ao balanço patrimonial e ao resultado econômico, bem como aos atos de sua administração. Sob a mesma pena, deverá publicar o balanço patrimonial e o de resultado econômico das sucursais, filiais ou agências existentes no País. Essa publicação, além do Diário Oficial, será feita também em outro jornal de grande circulação, editado regularmente no local em que a sociedade estrangeira estiver instalada. Se no lugar de sua sede não for editado jornal, a publicação será feita em outro órgão de comunicação. A prova da publicidade será feita mediante anotação nos registros da Junta Comercial, à vista da apresentação da folha do órgão oficial e, quando for o caso, do jornal particular em que foi feita a publicidade, dispensada a juntada da mencionada folha.

Ficamos sem entender a afirmação dos textos legais de "as publicações, segundo sua lei nacional". A publicação das demonstrações financeiras é obrigatória pela nossa Lei das S.A. e, portanto, as sociedades estrangeiras devem cumprir a nossa lei e não a "sua lei nacional".

No que tange à sociedade limitada, não há obrigação de publicar o balanço patrimonial e o de resultado econômico, mas o art. 1.140 parece impor essa obrigação para a sociedade limitada estrangeira também. Alguns interpretam de forma diferente, mas a redação da lei parece ser bastante clara. Pelo parágrafo único do art. 1.140, a sociedade empresária, mesmo sendo sociedade limitada, deverá publicar o balanço patrimonial e o de resultado econômico.

Não é ponto pacífico. Interpretam alguns juristas que essa exigência é apenas para a sociedade anônima, uma vez que foi transcrita da Lei das Sociedades por Ações. Todavia, o art. 1.140 impõe essa obrigação a toda sociedade estrangeira, tanto no *caput* como no parágrafo único. Vamos então transcrever esse artigo, sublinhando, por nossa conta, a expressão mais importante.

> *A* sociedade estrangeira *deve, sob pena de lhe ser cassada a autorização, reproduzir no órgão oficial da União, e do Estado, se for o caso, as publicações que, segundo a sua lei nacional, seja obrigada a fazer relativamente ao balanço patrimonial e ao de resultado econômico, bem como aos atos de sua administração.*
>
> *Parágrafo único. Sob pena, também, de lhe ser cassada a autorização, a* sociedade estrangeira *deverá publicar o balanço patrimonial e o de resultado econômico das sucursais, filiais ou agências existentes no País.*

18. A SOCIEDADE NACIONAL

18.1. Conceito de sociedade nacional
perante o novo Código Civil
18.2. A mudança de nacionalidade
18.3. Sociedades dependentes de
autorização do Governo

18.1. Conceito de sociedade nacional perante o novo Código Civil

Houve, por bem, nosso CC estabelecer normas referentes à sociedade brasileira, ao lado da regulamentação da sociedade estrangeira. Parece-nos escusado tratar desta questão, porquanto todo o Direito Societário ocupa-se da sociedade brasileira e os arts. 1.126 a 1.133, do novo CC, poderiam diluir-se no emaranhado de normas societárias. Contudo, não será demais a minuciosa regulamentação de tudo o que se relaciona à sociedade, após tantos anos de confusão, impropriedade e obscuridade do Direito Societário brasileiro, baseado no superadíssimo Código Comercial e o centenário Código Civil, e a Lei 3.708, de 1919, regulamentadora da antiga *sociedade por quotas de responsabilidade limitada*, substituída pela atual *sociedade limitada*.

Como nossa lei distingue a sociedade brasileira da sociedade estrangeira, que conceito tem dela e quais características apresenta? É nacional, ou brasileira, a sociedade organizada de conformidade com a lei brasileira e que tenha no País a sede de sua administração. Vemos nessa definição dois critérios para caracterizar a sociedade nacional:

- Ter os atos constitutivos elaborados segundo a legislação brasileira;
- Ter a sede localizada no Brasil.

Poderíamos dizer também que a sociedade brasileira é a que é diretamente registrada na Junta Comercial, vale dizer, quando quiser registrar-se, requererá seu registro diretamente à Junta Comercial, juntando seus documentos. Não é essa a forma de registro da sociedade estrangeira, que deverá requerer ao Governo Federal. Entretanto, o órgão competente de registro só procederá à inscrição se ela tiver as duas características acima citadas.

Há porém um tipo de sociedade muito comentada, que foi até contemplada pela Constituição Federal de 1988, mas o artigo foi depois revogado; é a EBCE – Empresa Brasileira de Capital Estrangeiro. Essa empresa não deixa de ser nacional, por ser constituída de acordo com a lei brasileira e tem sua sede no Brasil. Todavia, o capital dela pertence a pessoas físicas ou jurídicas domiciliadas no exterior. Destarte, o poder decisório, o poder de mando está fora do Brasil. Existem ainda algumas sociedades nacionais submetidas a algumas exigências especiais.

O requerimento de autorização de sociedade nacional deve ser acompanhado de cópia do contrato, assinada por todos os sócios. Se a sociedade tiver sido constituída por escritura pública, bastará juntar ao requerimento a respectiva certidão. Ao Poder Executivo é facultado exigir que se procedam a alterações ou aditamento no contrato, devendo os sócios cumprir as formalidades legais para revisão dos atos constitutivos, e juntar ao processo prova regular. Poderá também recusar a autorização, se a sociedade não atender às condições econômicas, financeiras ou jurídicas especificadas pela lei.

Expedido o decreto de autorização, cumprirá à sociedade publicar requerimento de autorização, acompanhado de cópia do contrato assinado por todos os sócios ou possíveis aditamentos, em trinta dias no Diário Oficial da União. O exemplar desse decreto representará prova para inscrição, no registro próprio, dos atos constitutivos da sociedade. A sociedade promoverá, também no Diário Oficial da União, no prazo de trinta dias, a publicação do termo de inscrição na Junta Comercial.

Dependem também de aprovação as modificações do contrato de sociedade sujeitas à autorização do Poder Executivo, salvo se decorrerem de aumento do capital social, em virtude de utilização de reservas ou reavaliação do ativo.

18.2. A mudança de nacionalidade

No estudo da sociedade estrangeira, vimos que é possível mudança de sua nacionalidade, ou seja, ela poderá nacionalizar-se. Para tanto, traça a lei as normas necessárias para essa transformação. O caso inverso também é possível: pode a sociedade brasileira, desde que siga as normas estabelecidas para essa nacionalização. Entretanto, não haverá mudança de nacionalidade da sociedade brasileira sem o consentimento unânime de seus sócios, ou, no caso de sociedade anônima, dos acionistas.

A mudança de nacionalidade exige quase as mesmas medidas para o registro inicial; deve seguir um rito especial, não se fazendo diretamente o pedido à Junta Comercial, mas requerendo ao Governo Federal, como faria a sociedade estrangeira que desejasse instalar-se no Brasil.

18.3. Sociedades dependentes de autorização do Governo

Nem todas as atividades empresariais podem ser exercidas pelas sociedades. Algumas dessas atividades só poderão ser praticadas por sociedades portadoras de autorização especial do Governo para esse mister. A competência para a autorização é sempre do Governo Federal. É o caso dos bancos e demais instituições financeiras, das companhias de seguros, das empresas de navegação aérea, da companhia comercial exportadora. A autorização, mais precisamente chamada autorização do Governo, não se confunde com a concessão.

A autorização do Governo é a permissão do Poder Público para que uma empresa possa desenvolver atividades consideradas delicadas. A concessão é a autorização do Poder Público para que uma empresa exerça determinado tipo de serviço, como acontece com as sociedades que exploram as linhas de ônibus municipais; essas sociedades não precisam de autorização do Governo para funcionar, mas para exercer aquele serviço. A autorização do Governo é ato privativo do Governo Federal; a concessão pode ser dada pela Prefeitura ou pelos Estados. Exige-se, então, que a empresa em apreço requeira ao Governo Federal autorização para que possa funcionar.

Na falta de prazo estipulado em lei ou em ato do poder público, será considerada caduca a autorização se a sociedade não entrar em funcionamento nos doze meses seguintes à respectiva publicação.

Ao Poder Executivo é facultado, a qualquer tempo, cassar a autorização concedida à sociedade nacional ou estrangeira que infringir disposição de ordem pública ou praticar atos contrários aos fins declarados no seu contrato.

Uma vez registrada a sociedade dependente de autorização do Governo, dependem de aprovação também as alterações que vier a sofrer o contrato, como, por exemplo, o aumento de seu capital. Independe de autorização se o aumento do capital decorrer da utilização de reservas ou reavaliação do ativo; nesse caso, o dinheiro do aumento do capital já está dentro da companhia.

19. DA ESCRITURAÇÃO EMPRESARIAL

19.1. Contabilidade

19.2. Os livros obrigatórios

19.3. O Diário

19.4. A escrituração da pequena empresa

19.5. A exibição judicial dos livros da empresa

19.6. O valor probante dos livros da empresa

19.7. Elaboração do balanço patrimonial

19.1. Contabilidade

O novo Código Civil, num capítulo denominado "Da Escrituração", contendo os artigos 1.179 a 1.195, aliás, o último capítulo do código, estabelece a obrigatoriedade de a empresa mercantil seguir sistema de contabilidade, mecanizada ou não, com base na escrituração uniforme de seus livros, em correspondência com a documentação respectiva.

Estabelece ainda a obrigatoriedade de a empresa levantar anualmente o balanço patrimonial e de resultado econômico. Essas duas exigências são dispensadas para o empresário rural e a empresa pequena. Também a microempresa e a empresa de pequeno porte são beneficiadas por esses privilégios, de acordo com a lei que as regulamenta. Quando se fala em empresa mercantil, conforme foi lembrado várias vezes, refere-se ao empresário e à sociedade empresária.

A contabilidade é a ciência econômica, intimamente correlacionada ao Direito Empresarial, visto que toda empresa é obrigada a adotá-la, não só por razões de ordem administrativa como também por imposição legal. Ao falar em contabilidade e livros contábeis, a linguagem apresenta hodiernamente sensível evolução, devendo aplicar-se à moderna ciência da administração. O que é considerado "livro" hoje é um sistema de registros, de escrituração; é normalmente aplicado esse sistema por computadores e os "livros" transformaram-se em disquetes. Por via de dúvidas, é conveniente apontar como origem etimológica de contabilidade o verbo latino *"computare"* (computar, calcular, contar), de que se originou também o termo *computador*.

A contabilidade é a ciência da escrituração de todos os fatos econômicos da empresa, que impliquem variação patrimonial, de forma sistematizada. Registra tecnicamente as operações econômicas da empresa, apreciáveis monetariamente, fornecendo, assim, os elementos para que se possa conhecer a situação patrimonial dela. Podemos, destarte, chamá-la de ciência da escrituração empresarial, ou da escrituração dos livros fiscais.

Impossível se tornou, no mundo moderno, o funcionamento de empresa sem a contabilidade, não só pela exigência legal, mas pela imperiosa necessidade. O administrador da empresa não poderá tomar seguramente suas decisões, sem conhecer a contabilidade de sua empresa: o que ela possui, quais os recursos de que dispõe, e quais os compromissos a cumprir. Por isso, nossa legislação determina as normas a serem observadas na contabilidade empresarial; como se processam os lançamentos da escrituração, recomendando que sejam precisos, claros, sem omissão nem rasuras, seguindo a ordem cronológica de lançamentos.

19.2. Os livros obrigatórios

Estamos falando neste estudo das obrigações comuns a todas as empresas mercantis, razão por que examinaremos as normas gerais. A escrituração, vale dizer, o registro sistemático e metódico das operações econômicas da empresa, apreciáveis monetariamente, eram feitos, a princípio, manualmente, depois mecanicamente. Nos dias atuais, ainda vigora um pouco a contabilidade mecanizada, mas quase totalmente substituída pela computadorizada.

Os livros praticamente obrigatórios são o Diário e o Razão, embora a lei não mais cite o Razão como livro obrigatório. O livro básico de escrituração mercantil e centralizador da contabilidade empresarial é o Diário, destinado ao registro de todas as operações econômicas da empresa, que impliquem variação patrimonial, não podendo ser omitidos quaisquer deles. O Decreto-lei 486/69, que dispõe sobre a escrituração e livros mercantis, exige que a empresa siga ordem uniforme de escrituração, mecanizada ou não, utilizando os livros e papéis adequados, cujo número e espécie ficam a seu critério. Essa mesma exigência consta também do art. 1.179 do Código Civil.

O Razão não é exigido expressamente pela lei, mas seu emprego se torna obrigatório, principalmente para a melhor manipulação do Diário; serve de índice do Diário, registrando, resumidamente, os mesmos lançamentos feitos nele. Sua utilização deve ser bem antiga, pois há séculos se tem notícias do *"liber rationum"*. Classifica as contas, em páginas próprias, pela natureza dessas contas. Por exemplo: se um administrador quiser saber o valor das duplicatas que sua empresa tiver que pagar, basta consultar o Razão, na conta "Duplicatas a Pagar". Quando a empresa for levantar o seu balanço, transportará para o balanço as contas do Razão.

Os livros obrigatórios deverão ter o termo de abertura, assinado pela empresa por seu representante legal, e pelo contador responsável por sua escrituração, como também de encerramento. Deverão ser autenticados pelo Registro Público de Empresas Mercantis. Os livros não obrigatórios, como o "Caixa", o de "Contas-Correntes" e outros, poderão também ser autenticados pelo Registro Público de Empresas Mercantis. A escrituração nesses livros deverá ficar sob a responsabilidade de contabilista legalmente habilitado, salvo se nenhum houver na localidade.

Não esclarece a lei o que entende por "forma contábil", mas a doutrina contábil considera contábil o sistema de "partidas dobradas", apesar de que o sistema de "partidas simples" também apresenta efetividade mercantil. O sistema de "partidas dobradas", criado por um padre italiano, Luca Paccioli, é o mais usual modernamente. Partida significa lançamento, na terminologia contábil; é o registro de uma operação econômica. O sistema de "partidas dobradas" consta de lançamentos duplos da mesma operação: uma no ativo, outra do passivo, ou, uma no "deve" e outra no "haver". A ordem uniforme a que se refere a lei deve ser constante, seguindo o mesmo método, de tal forma que, ao ser examinada, a escritura tenha uma diretriz.

19.3. O Diário

Além dos demais livros exigidos por lei, é indispensável o Diário, que pode ser substituído por fichas no caso de escrituração mecanizada ou eletrônica. A adoção de fichas não dispensa o uso de livro apropriado para o lançamento do balanço patrimonial e de resultado econômico (art. 1.180 do CC). Convém repetir que o Diário é um livro, mas hoje em dia não quer dizer um volume, um livro como é vulgarmente considerado: será um livro para a contabilidade manual, fichas para a mecanizada e disquetes para a computadorizada.

A escrituração será completa, em idioma e moeda nacionais, em forma contábil, por ordem cronológica de dia, mês e ano, sem intervalos em branco, nem entrelinhas, borrões, rasuras, emendas ou transportes para as margens. É permitido o uso de código de números ou de abreviaturas, que constem de livro próprio, regularmente autenticado.

No Diário serão lançadas com individuação, clareza e caracterização do documento respectivo, dia a dia, por escrita direta ou reprodução, todas as operações relativas ao exercício da empresa. Admite-se a escrituração resumida do Diário, como totais que não excedam o período de trinta dias, relativamente a contas cujas operações sejam numerosas ou realizadas fora da sede do estabelecimento desde que utilizados livros auxiliares regularmente autenticados, para registro individualizado, e conservados os documentos que permitam a sua perfeita verificação. Serão lançados no Diário o balanço patrimonial e o de resultado econômico, devendo ambos ser assinados por técnico em Ciências Contábeis legalmente habilitado e pelo empresário ou sociedade empresária (art. 1.184 do CC).

O empresário ou sociedade empresária que adotar o sistema de fichas de lançamentos poderá substituir o livro Diário pelo livro Balancetes Diários e Balanços, observadas as mesmas formalidades extrínsecas exigidas para aquele (art. 1.186).

O livro Balancetes Diários e Balanços será escriturado de modo que registre a posição diária de cada uma das contas ou títulos contábeis, pelo respectivo saldo, em forma de balancetes diários. Registrará também o balanço patrimonial e o de resultado econômico, no encerramento do exercício (art. 1.186).

Na coleta de elementos para o inventário serão observados os critérios de avaliação a seguir determinados:

I. Os bens destinados à exploração da atividade serão avaliados pelo custo de aquisição, devendo, na avaliação dos que se desgastam ou depreciam com o uso, pela ação do tempo ou outros fatores, atender-se à desvalorização respectiva, criando-se fundos de amortização para assegurar-lhes a substituição ou a conservação do valor.

II. Os valores mobiliários, matéria-prima, bens destinados à alienação, ou que constituem produtos ou artigos da indústria ou comércio da empresa podem ser estimados pelo custo de aquisição ou de fabricação, ou pelo preço corrente, sempre que este for inferior ao preço de custo, e quando o preço corrente ou venal estiver acima do valor do custo de aquisição ou fabricação, e os bens forem avaliados pelo preço corrente, a diferença entre o último e o preço de custo não será levada em conta para a distribuição de lucros, nem para as percentagens referentes a fundos de reserva.

III. O valor das ações e dos títulos de renda fixa pode ser determinado com base na respectiva cotação da Bolsa de Valores; os não cotados e as participações não acionárias serão considerados pelo seu valor de aquisição.

IV. Os créditos serão considerados de conformidade com o presumível valor de realização, não se levando em conta os prescritos ou de difícil liquidação, salvo se houver, quanto aos últimos, previsão equivalente.

Entre os valores do ativo podem figurar, desde que se preceda, anualmente, à sua amortização:

1. As despesas de instalação da sociedade até o limite correspondente a dez por cento do capital social;
2. Os juros pagos aos acionistas da sociedade anônima, no período antecedente ao início das operações sociais, à taxa não superior a 12% ao ano fixada no estatuto;
3. A quantia efetivamente paga a título de aviamento de estabelecimento adquirido pelo empresário ou sociedade.

19.4. A escrituração da pequena empresa

Fica excluída dessas exigências a pequena empresa. Por pequena empresa, considera-se, de acordo com o Decreto 64.567/69, a empresa que opera com um só estabelecimento, ou seja, que não tenha filiais, e exerça atividade artesanal ou outra atividade em que predomine o próprio trabalho de seu administrador ou de pessoas de sua família. A pequena empresa só pode ser empresa individual, não se amoldando nessa classificação a empresa coletiva, a sociedade mercantil. Também não se inclui a sociedade civil, pois é necessário que a pequena empresa esteja inscrita no Registro Público de Empresas Mercantis. O artigo 970 do Código Civil diz que a lei assegurará tratamento favorecido, diferenciado e simplificado ao "empresário rural" e ao "pequeno empresário", não falando em sociedade.

Além desses requisitos, a pequena empresa não poderá auferir receita bruta anual superior a 100 salários mínimos, e o capital aplicado no negócio não ultrapasse a 20 salários mínimos.

A microempresa e a empresa de pequeno porte também gozam de privilégios semelhantes, previstos pela lei que as regulamenta.

19.5. A exibição judicial dos livros da empresa

O Código de Processo Civil estabelece normas, vigorando, embora de forma legalmente controlada, a obrigatoriedade de exibição. O artigo 381 limita a três casos: na liquidação da sociedade, na sucessão por morte do sócio, quando e como determinar a lei. Todavia, o artigo 382 afronta o anterior, abrindo leque da autoridade do juiz:

O juiz pode, de ofício, ordenar à parte a exibição parcial dos livros e documentos extraindo-se deles a soma que interessar ao litígio, bem como reproduções autenticadas.

Por outro lado, o arbítrio do juiz não é amplo, pois ele pode ordenar a exibição apenas parcial dos livros, e a "soma que interessar ao litígio". Assim sendo, a empresa está obrigada a exibir a escrituração estritamente ligada à questão discutida em juízo e não toda a contabilidade. As dúvidas a este respeito foram dirimidas pela Súmula 260 do Supremo Tribunal Federal:

O exame de livros comerciais em ação judicial fica limitado às transações entre os litigantes.

Vigora, pois, o princípio da inviolabilidade da escrituração contábil da empresa, admitindo a lei a vistoria apenas em casos excepcionais, específicos e previstos pela lei. É uma das prerrogativas da empresa. Sem essa reserva, essa confidencialidade, a escrituração contábil seria um peso e um risco para a empresa, que não teria segurança nem liberdade para desenvolver suas atividades, pois a contabilidade seria a "espada de Dâmocles" sobre sua cabeça. Esclareça-se ainda que a exibição de livros só cabe nos casos em que houver lide judicial sobre uma transação mercantil e o exame dos livros só poderá ser parcial, ou seja, restrito e específico à lide.

A contabilidade é fato íntimo e pessoal da empresa, razão por que o novo Código Civil confirmou os critérios já adotados desde os tempos do revogado Código Comercial de 1850, como se vê no *"caput"* do artigo 1.191:

> *O juiz só poderá autorizar a exibição integral dos livros e papéis de escrituração quando necessária para resolver questões relativas a sucessão, comunhão ou sociedade, administração ou gestão à conta de outrem, ou em caso de falência.*

Fica, então, limitada a cinco casos a possibilidade da exigência judicial para que a empresa apresente seus livros contábeis:

Sucessão – comunhão ou sociedade – administração ou gestão à conta de outrem – falência.

Justificam-se plenamente essas exceções; se a empresa for à falência, seus livros contábeis devem ser arrecadados e ficar nas mãos do administrador judicial para ser elaborado laudo contábil a ser apresentado em juízo. Se uma sociedade for dissolvida judicialmente, para a apuração dos haveres só pelo exame contábil em juízo. No caso de morte do sócio de uma empresa, deixando vários herdeiros: deverá entrar no inventário a divisão dos haveres dessa empresa, o que se fará só com o exame da sua contabilidade.

Fica assim a empresa obrigada a apresentar em juízo suas demonstrações contábeis, sujeitando-se até mesmo a constrição judicial, pelo que se vê nos parágrafos 1º e 2º do artigo 1.191:

> *O juiz ou tribunal que conhecer de medida cautelar ou de ação pode, a requerimento ou de ofício, ordenar que os livros de qualquer das partes, ou de ambas, sejam examinados na presença do empresário ou da sociedade empresária a que pertencerem, ou de pessoas por estes nomeadas, para deles se extrair o que interessar à questão.*
>
> *Achando-se os livros em outra jurisdição, nela se fará o exame, perante o respectivo juiz.*

Outro tipo de restrição garantido por lei é a de que o exame de livros só pode ser feito em juízo, não podendo haver críticas ao trabalho contábil da empresa, como se fosse uma auditoria. Por isso, a proibição não atinge as autoridades fazendárias, que podem fazer análise crítica da contabilidade da empresa e multá-la por apresentar lançamentos errados, confusos, lacunosos, borrados, enfim uma contabilidade *"tutta sporcatta"*, de tal forma que dificulte a inspeção fiscal. É o que garante o artigo 1.190 do CC:

> *Ressalvados os casos previstos em lei, nenhuma autoridade, juiz ou tribunal, sob qualquer pretexto, poderá fazer ou ordenar diligência para verificar se o empresário ou a sociedade empresária observam, ou não, em seus livros e fichas, as formalidades prescritas em lei.*

19.6. O valor probante dos livros da empresa

Os livros da empresa constituem meio de prova, se forem exibidos em juízo. Por isso, deve a empresa conservá-los enquanto puderem ser úteis, mantê-los com os lançamentos em dia e segundo as exigências legais. A exigência da observância das formalidades legais para os livros, para servir de prova à empresa que a invocar, consta do artigo 8o do Decreto-lei 486/69. É confirmada pelos artigos 378 e 379 do Código de Processo Civil: os livros provam contra seu autor, mas se preencherem os requisitos exigidos por lei, provam também a favor de seu autor. A contabilidade empresarial foi criada em benefício da empresa e não em seu prejuízo.

Se a empresa recusar a apresentação dos livros fiscais, eles podem ser apreendidos judicialmente e poderá significar confissão tácita do que for alegado contra ela, ou seja, será considerado verdadeiro o alegado pela parte contrária para se provar pelos livros. A confissão resultante da recusa pode ser elidida por prova documental em contrário.

19.7. Elaboração do balanço patrimonial

O artigo 1.179 impõe ainda às empresas a obrigação de formar anualmente o balanço geral do ativo e passivo e o de resultado econômico. O balanço patrimonial deverá exprimir, com fidelidade e clareza, a situação real da empresa e, atendidas as peculiaridades desta, bem como as disposições das leis especiais, indicará, distintamente, o ativo e o passivo. O balanço patrimonial de sociedades coligadas é regido por leis especiais, mormente a Lei das S.A.

O balanço patrimonial é a expressão gráfica do patrimônio, expondo a situação econômico-financeira da empresa. Demonstra, de forma técnica e coerente, o conjunto de bens, de valores a pagar ou a receber, o dinheiro em caixa ou em bancos, o tipo de direitos, como duplicatas e contas a receber, o tipo de obrigações e os demais dados.

A legislação, inclusive o novo Código Civil no artigo 1.189 fala também no "balanço de resultado econômico", ou "demonstração da conta de lucros e perdas", que acompanhará o balanço patrimonial. Dele constarão o débito e crédito, na forma da lei especial, vale dizer, tudo que a empresa recebeu e tudo que a empresa pagou, a receita e a despesa; se a despesa for inferior à receita haverá o "superávit", se a despesa for superior à receita haverá o "déficit". Em outras palavras, se a empresa recebe mais dinheiro do que gasta, a diferença será chamada de lucro; se gastou mais do que recebeu, a diferença será o prejuízo.

A empresa é uma pessoa jurídica; ainda que seja uma empresa individual, ou seja, uma pessoa que se registra em nome próprio no Registro Público de Empresas Mercantis, para exercer atividades empresariais, usando seu nome como firma. Em certas passagens pelas leis, esse tipo de empresa é também chamado de firma individual e, na doutrina, de empresário individual. Ao registrar-se, ele passa a ser pessoa jurídica, distinta, portanto, de sua pessoa física. Nem todos concordam com essa distinção, considerando que há somente a pessoa física, tanto que o patrimônio particular se comunica com o patrimônio empregado nas operações mercantis. Preferimos, porém, levar em consideração a dualidade de pessoas. O balanço da empresa deve constar apenas do patrimônio empresarial, senão deveria lançar as joias da esposa do empresário individual. O Código Civil de 2002 deu a esse tipo de empresa apenas o nome de "empresário".

A empresa coletiva, uma sociedade mercantil, é uma pessoa jurídica, constituída por outras pessoas, porém, distinta das pessoas que a compõem. Tanto a pessoa jurídica como as pessoas físicas que a compõem possuem personalidade própria, o que implica patrimônio próprio. O patrimônio é um conjunto de direitos e obrigações, de valores ativos e passivos pertencentes a uma pessoa e sujeitos a ela, com o fim de dar lucro ou renda. É todo aquele conjunto de bens, direitos e obrigações que constituem a base material da empresa expressos em moeda. Dentro do sistema de "partidas dobradas", o patrimônio é dividido no conjunto de valores ativos de um lado e passivos de outro. A diferença positiva entre o ativo e o passivo chama-se "patrimônio líquido"; a diferença negativa recebe o nome de "passivo líquido" ou "passivo descoberto", que passa a ser um valor contabilizado.

20. O REGISTRO DE SOCIEDADES

20.1. A legislação cartorária
20.2. Empresa e sociedade
20.3. A organização do registro
20.4. Carteira profissional de empresário
20.5. Finalidades do registro
20.6. Autenticação de documentos
20.7. A publicidade do registro

20.1. A legislação cartorária

A finalidade de uma sociedade mercantil é a de exercer atividades lucrativas e dividir os lucros entre os investidores que aplicaram seu dinheiro nela. Ela tem, pois, um sentido instrumental: é o instrumento pelo qual os sócios poderão obter os rendimentos desejados. Para o exercício das atividades lucrativas, deverá a sociedade mercantil submeter-se a uma série de formalidades que lhe garantam a personalidade jurídica e a legitimidade para atingir os objetivos sociais. Entre essas formalidades, figura a de registrar-se nos órgãos públicos destinados ao registro e controle das sociedades mercantis.

Essa prática iniciou-se no Brasil em 1808, por ocasião da vinda da família real. Por iniciativa do assessor da Corte, o Visconde de Cairú, D. João VI criou a Real Junta de Comércio, Agricultura, Fábricas e Navegação. Esse órgão foi-se desenvolvendo até nossos dias, regulado por legislação dinâmica. No ano de 1996 atingiu um ponto de desenvolvimento tal que influiu decisivamente em todo o Direito Comercial.

O Direito Comercial brasileiro vem lutando há anos por uma revisão que o modernize, encontrando barreiras do imobilismo. Obtivemos, entretanto, sensíveis progressos com as atuais normas que regulam o Registro Público de Empresas Mercantis e Atividades Afins, posicionando a empresa mercantil como a pedra angular sobre a qual se estrutura o Direito Comercial no final do século XX. Urge, pois, falarmos dessa legislação bem recente e de indiscutível realce, substituindo um estatuto legal há muito superado.

A lei básica é a Lei 8.934, de 18.11.94, que dispõe sobre o Registro Público de Empresas Mercantis e Atividades Afins. Com muito atraso, surgiu o Decreto 1.800, de 30.01.96, que se completou nos pormenores graças a 15 Instruções Normativas emanadas do DNRC – Departamento Nacional do Registro do Comércio, órgão do Ministério da Indústria, Comércio e Turismo. Essas Instruções Normativas, de n° 46 a 60, completam a organização do sistema e, ainda que sejam revogadas, seus efeitos são irreversíveis e impuseram, de imediato, as novas ideias buscadas pelo Direito Empresarial. É conveniente relacionar as funções dessas normas:

n° 46. Dispõe sobre a expedição de atos normativos pelo DNRC e a fiscalização jurídica dos órgãos incumbidos do Registro Público de Empresas Mercantis e Atividades Afins.

n° 47. Dispõe sobre a matrícula de leiloeiro.

n° 48. Dispõe sobre a matrícula, e hipóteses de seu cancelamento, de Tradutor Público e Intérprete Comercial.

n° 49. Dispõe sobre a matrícula, e hipótese de seu cancelamento, de administradores de armazéns de depósito e trapicheiros.

n° 50. Dispõe sobre a desconcentração dos serviços de registro público de empresas mercantis e atividades afins.

n° 51. Institui modelo anexo de Carteira de Exercício Profissional para titular de firma mercantil individual, administrador de sociedade mercantil ou de cooperativa, tradutor público ou intérprete comercial, leiloeiro, trapicheiro e administrador de armazém geral.

n° 52. Dispõe sobre o cancelamento do registro de empresa mercantil inativa.

n° 53. Dispõe sobre a formação do nome empresarial e sua proteção.

nº 54. Dispõe sobre a autenticação de instrumentos de escrituração das empresas mercantis e dos agentes auxiliares do comércio.

nº 55. Dispõe sobre a autenticação de documentos levados a arquivamento do Registro Público de Empresas Mercantis e Atividades Afins.

nº 56. Dispõe sobre certidões, a sua utilização em atos de transferência de sede, abertura de filiais, proteção ao nome empresarial e atos de interesse das empresas.

nº 57. Dispõe sobre a especificação de atos integrantes da Tabela de Preços dos Serviços prestados pelos órgãos do Sistema Nacional de Registro de Empresas Mercantis – SINREM.

nº 58. Dispõe sobre o arquivamento de atos de empresas mercantis ou de cooperativas em que participem estrangeiros residentes e domiciliados no Brasil, pessoas físicas brasileiras ou estrangeiras, residentes ou domiciliadas no exterior.

nº 59. Dispõe sobre os pedidos de autorização para nacionalização ou instalação de filial, agência, sucursal ou estabelecimento no País, por sociedade mercantil estrangeira.

nº 60. Dispõe sobre os atos sujeitos à comprovação de quitação de tributos e contribuições sociais federais, para fins de arquivamento no Registro Público de Empresas Mercantis e Atividades Afins.

Está assim formado o quadro de normas sobre a questão, todas bem recentes: a Lei 8.934/94 é de 18.11.94; o Decreto 1.800/96 que a regulamentou é de 30.01.96, as Instruções Normativas do DNRC, de nºs 46 a 57, são de 06.03.96 e as Instruções Normativas de nºs 58 a 60, de 13.06.96. Por isso adotam linguagem atualizada, clara e precisa, evitando situações dúbias, como fazia a antiga legislação. Representam um passo importante na atualização e esclarecimento do Direito Societário e do Direito Empresarial, para não dizer de todo o direito brasileiro.

20.2. Empresa e sociedade

Malgrado tenhamos falado desde o início deste compêndio sobre a diferença entre as duas expressões "empresa" e "sociedade", não será demais repetir essa discriminação, aplicando o vulgarizado princípio do *quod abundat non nocet*.

Na esteira do art. 2.082 do Código Civil italiano, é empresa quem exerce profissionalmente atividade econômica organizada para a produção e venda de mercadorias e serviços, com vista à satisfação do mercado consumidor. Trata-se assim de uma atividade exercida de forma organizada. Na organização da empresa, a que se refere a "atividade organizada", inclui-se uma estrutura jurídica, elaborada de acordo com as normas legais. A empresa mercantil está na dependência dessa estrutura jurídica, constituindo-se por documentos vários, chamados "atos constitutivos". Esses atos constitutivos dão à empresa a sua roupagem legal, para que possa ela atuar.

Por seu lado, a sociedade mercantil é esta roupagem legal que dá a estrutura da empresa. A sociedade, conforme vimos, é o acordo celebrado entre duas ou mais pessoas, com o fito de exercer a empresa. Há, pois, íntima conexão entre a empresa e a sociedade: a empresa é atividade econômica organizada para produzir mercadorias e serviços ou colocá-los à disposição do mercado consumidor; a sociedade é a formação legalmente estruturada de pessoas que irá fazer a empresa funcionar (empresários).

A empresa, como a sociedade, forma-se pelos atos constitutivos que deverão ser registrados nos órgãos públicos competentes. Registram-se as empresas por seus atos constitutivos, isto é, pelos documentos que as constituem. São vários esses documentos: o mais comum é o contrato social. Para as sociedades por ações é a ata da Assembleia dos Acionistas.

Importa ainda relembrar a distinção entre dois tipos de empresa: a mercantil e a civil. A sociedade civil, da qual fizemos amplas considerações, não é registrada no Registro Público de Empresas Mercantis e Atividades Afins, embora sua estrutura seja praticamente a mesma da sociedade mercantil.

20.3. A organização do registro

O Registro Público de Empresas Mercantis e Atividades Afins é um órgão federal, com sede em Brasília. Tecnicamente está subordinado à sede. Administrativamente, contudo, é um órgão estadual, tendo como distrito principal a Junta Comercial, com sede na capital do Estado em que atua, tendo sua jurisdição na circunscrição territorial desse Estado. Há, pois, dois órgãos principais: o DNRC – Departamento Nacional do Registro de Comércio, com funções supervisora, orientadora, coordenadora e normativa, no plano técnico; e supletiva, no plano administrativo; e a Junta Comercial, com função executora e administradora dos serviços. Esses dois órgãos executam os serviços de forma harmônica e interdependente, chamado SIREM – Sistema Nacional de Registro de Empresas Mercantis.

O DNRC é órgão sediado em Brasília, pertencente ao Ministério da Indústria, do Comércio e do Turismo e tem função mais técnica. É quem elabora e consolida as normas e diretrizes referentes ao Registro, mantendo-se assim a uniformidade legislativa em todo o território nacional.

Presta orientação às juntas comerciais dos Estados, com vistas à solução de consultas e à observância das normas legais e regulamentares do Registro. Cabe-lhe, então, solucionar dúvidas ocorrentes na interpretação das leis, regulamentos e demais normas pertinentes.

Segundo a Instrução Normativa nº 59, de 13.06.96, e o art. 4º X, do Decreto 1.800/94, de 30.01.96, cabe ao DNRC a função de instruir, examinar e encaminhar os processos e recursos a serem decididos pelo Ministro de Estado da Indústria, do Comércio e do Turismo, inclusive os pedidos de autorização para nacionalização ou instalação de filial, agência, sucursal ou estabelecimento no país, por sociedade mercantil estrangeira.

Afora a colaboração que o DNRC deve prestar às juntas comerciais, tem autoridade sobre elas, exercendo ampla fiscalização, e se for constatado abuso ou infração das respectivas normas, deverá representar para os devidos fins às autoridades administrativas, requerendo o que for necessário.

Por seu turno, a Junta Comercial é um órgão regional, de cada unidade federativa, com a jurisdição na área da circunscrição territorial respectiva e sede na capital. Subordina-se administrativamente ao governo de sua unidade federativa. Tecnicamente, contudo, subordina-se ao DNRC. Embora esteja sediada na capital do Estado, a JUCESP, entretanto, celebrou acordo com associações comerciais de todo Estado para o encaminhamento da documentação das sociedades mercantis, evitando assim a vinda dos interessados à capital. Essa desconcentração dos serviços da Junta Comercial é autorizada pelo art. 6º do Dec. 1.800/96.

Funções bem vastas tem a Junta Comercial, mas a principal é a execução do registro das sociedades mercantis e do empresário mercantil individual. O registro é um serviço um tanto complexo, compreendendo o arquivamento dos atos relativos à constituição, alteração, dissolução e extinção de sociedades mercantis, tanto nacionais como estrangeiras autorizadas a funcionar no Brasil.

Compete-lhe também a autenticação dos livros mercantis e demais instrumentos de escrituração dos livros mercantis registrados e dos agentes auxiliares das atividades empresariais, como leiloeiros, trapicheiros e administradores de armazéns gerais, tradutores e intérpretes e outros mais.

20.4. Carteira profissional de empresário

Uma das maiores inovações trazidas pela nova legislação referente o registro das sociedades mercantis foi a criação da Carteira de Exercício Profissional. Foi ela prevista no art. 7º, inciso V do Decreto 1.800/96 e regulamentada pela Instrução Normativa nº 51, de 6.3.96 e aplica-se ao empresário e alguns agentes auxiliares das atividades empresariais, ou mais precisamente: tradutor público e intérprete comercial, leiloeiro, trapicheiro e administrador de armazém-geral.

Por empresário deve-se entender o administrador de sociedade mercantil, dependendo do tipo de empresa. No caso

274

de S.A. é o Diretor e o membro do Conselho de Administração e do Conselho Fiscal. Tratando-se de sociedade mercantil de pessoas, é o sócio-gerente. Na sociedade em nome coletivo ou com firma são todos os sócios, uma vez que há entre eles responsabilidade solidária e ilimitada. Na sociedade em comandita é o sócio comanditado e na sociedade de capital e indústria é o sócio ostensivo. Também goza dessa faculdade o administrador de cooperativa. Tem direito à Carteira de Exercício Profissional o Empresário Mercantil Individual, também chamado "titular de firma mercantil individual".

A expedição dessa carteira profissional compete à Junta Comercial. Logicamente só poderá ser concedida a dirigente de sociedade mercantil devidamente registrada na Junta Comercial. É mais um estímulo à regularização das atividades mercantis e dá segurança ao empresário, que poderá identificar-se como tal, já que não tem o empresário uma forma de comprovar suas atividades profissionais, a menos que ande com os atos administrativos de sua empresa.

Para obter a Carteira de Exercício Profissional, o empresário deverá requerê-la à Junta Comercial, instruindo o requerimento com duas fotografias 3/4, comprovando o pagamento da taxa de expedição. A Junta Comercial consultará os dados do registro da sociedade mercantil a que pertence o requerente, para a aprovação. O uso indevido da carteira enseja a sua cassação, ficando o infrator sujeito às penalidades da lei.

20.5. Finalidades do registro

Várias são as finalidades. Uma é a de cadastrar as sociedades mercantis nacionais e estrangeiras em funcionamento no país e manter atualizadas as informações pertinentes. Outra é a de dar garantia, publicidade, autenticidade, segurança e eficácia aos atos jurídicos das sociedades mercantis, submetidas a registro na forma da lei. Embora se trate de burocracia e publicidade da vida das sociedades mercantis, o registro e controle exercido de forma sistemática pelos órgãos federais e estaduais têm o sentido de proteger as sociedades mercantis, defendendo suas conquistas e dando-lhes maior segurança. Será até escusado apontar as razões da conveniência desse registro.

Além das sociedades mercantis, o Registro Público de Empresas Mercantis e Atividades Afins efetua ainda o registro do "Empresário Mercantil Individual", chamado também de "firma mercantil individual", ou seja, uma pessoa que se registra na Junta Comercial para exercer profissionalmente atividade econômica organizada, usando o próprio nome. Registra ainda os agentes auxiliares das atividades empresareis, previstos e regulamentados pela lei. São eles: leiloeiro, tradutor público e intérprete comercial, trapicheiros e administradores de armazéns-gerais. Não são eles sociedades mercantis, mas seus agentes auxiliares.

20.6. Autenticação de documentos

Outro serviço público prestado pelo Registro é a autenticação dos instrumentos de escrituração das sociedades mercantis, dos documentos arquivados e suas cópias, e das certidões dos documentos arquivados. Essa autenticação consta do art. 78 do Dec. 1.800/96 e pela Instrução Normativa nº 54, de 06/03/96, complementada pela Instrução Normativa nº 55 da mesma data.

São instrumentos de escrituração das sociedades os livros contábeis ou fiscais. Quando se fala em "livro", não se quer dizer que seja um tomo, um volume, como, por exemplo, o do Código Civil. Livro é um sistema de registro, que pode ser feito também num livro, mas nos dias atuais é feito em disquetes de computadores, ou em casos de pequenas e médias empresas é feito em fichas. Hoje, porém, até as microempresas já possuem computador, no qual fazem seus registros contábeis.

Qualquer desses instrumentos de escrituração de empresa mercantil devem ser autenticados pela Junta Comercial. Consta a autenticação de um termo de abertura feito no início do livro, ou do conjunto de fichas ou folhas contendo: o nome empresarial; o Número de Identificação do Registro de Empresas (NIRE) e a data do arquivamento dos atos constitutivos; o local da sede ou filial; a finalidade a que se destina o instrumento de escrituração mercantil; o número de ordem do instrumento de escrituração e a quantidade de folhas; o número de inscrição no CGC-MF – Cadastro Geral de Contribuintes do Ministério da Fazenda. O termo de abertura deverá ser datado e assinado pelo dirigente da sociedade mercantil e por contabilista legalmente habilitado, com indicação do número de sua inscrição no CRC – Conselho Regional de Contabilidade.

Ao terminar o livro, deverá conter o termo de encerramento, embicando o nome empresarial, o fim a que se destina o instrumento escriturado; e o número de ordem do instrumento de escrituração e a quantidade de folhas escrituradas. Deverá também ser datado e assinado pelo dirigente da sociedade mercantil e pelo contabilista. A Junta Comercial fará a autenticação, apondo a declaração autenticadora.

20.7. A publicidade do registro

O Registro das Sociedades Mercantis é público e qualquer pessoa poderá tomar conhecimento do registro, sem necessidade de provar interesse. A Junta Comercial está obrigada a atender todo pedido de informações sobre sociedades mercantis, desde que seja feito nos termos legais. A consulta se faz com o requerimento pedindo a certidão da Junta Comercial sobre a sociedade mercantil consultada, comprovando-se o pagamento de uma taxa, e indicando a modalidade de certidão desejada. Há três modalidades de certidões expedidas pela Junta Comercial: simplificada, específica e de inteiro teor.

A certidão simplificada constitui-se de extrato de informações atualizadas, constantes de atos arquivados. Era chamada antes de "Breve Relato". Dá o nome empresarial da sociedade mercantil, suas filiais, se houver, e os dados comuns, como endereço, capital e sócios que a compõem.

A certidão específica constitui-se de extrato de informações particularizadas pelo requerente, constantes de atos arquivados;

nela deverão ser certificadas as informações constantes do pedido, seguidas das referências aos respectivos atos, números e datas de arquivamento na Junta Comercial.

A certidão de inteiro teor constitui-se de cópia de ato arquivado, como seria o caso do contrato social. O requerimento deverá, portanto, indicar o ato ou atos a serem certificados.

A revelação dos registros é do interesse da própria sociedade mercantil pesquisada, pois ela própria poderá necessitar dessas certidões. Não se justifica a adoção de sigilo no registro das sociedades mercantis. Os atos decisórios da Junta Comercial devem ser publicados no Diário Oficial e outro jornal, como, por exemplo, o registro da sociedade mercantil na Junta Comercial.